中小学生学习习惯的养成

本书编写组◎编
由春来◎编著

未来的文盲不是不识字的人，
而是没有学会怎样学习的人。

世界图书出版公司
广州·北京·上海·西安

图书在版编目（CIP）数据

中小学生学习习惯的养成／《中小学生学习习惯的养成》编写组编著. —广州：广东世界图书出版公司，2009.12 （2024.2 重印）

ISBN 978 - 7 - 5100 - 1445 - 1

Ⅰ．①中… Ⅱ．①中… Ⅲ．①中学生 – 学习方法②小学生 – 学习方法 Ⅳ．①G632.46

中国版本图书馆 CIP 数据核字（2009）第 217098 号

书　　名	中小学生学习习惯的养成	
	ZHONG XIAO XUE SHENG XUE XI XI GUAN DE YANG CHENG	
编　　者	《中小学生学习习惯的养成》编写组	
责任编辑	韩海霞	
装帧设计	三棵树设计工作组	
出版发行	世界图书出版有限公司　世界图书出版广东有限公司	
地　　址	广州市海珠区新港西路大江冲 25 号	
邮　　编	510300	
电　　话	020-84452179	
网　　址	http://www.gdst.com.cn	
邮　　箱	wpc_gdst@163.com	
经　　销	新华书店	
印　　刷	唐山富达印务有限公司	
开　　本	787mm×1092mm　1/16	
印　　张	12	
字　　数	160 千字	
版　　次	2009 年 12 月第 1 版　2024 年 2 月第 4 次印刷	
国际书号	ISBN　978-7-5100-1445-1	
定　　价	59.80 元	

光辉书房新知文库
"学会学习"丛书编委会

主　编：

石　柠　北京光辉书苑教育中心研究员

庄力可　清华大学博士后、北京先锋软件院院长

马世晔　中华人民共和国教育部考试中心

胡淑慧　华东师范大学博士，北京联合大学台湾研究院副
研究员

编　委：

王增昌　《中国教育报》高级编辑

周作宇　北京师范大学教授、教育学部部长

陈　霞　中国社会科学院哲学所 研究员

林泳海　鲁东大学教育科学学院教授

樊　琪　上海师范大学教授

张彦杰　北京市教育考试院

黄道秀　中国政法大学教授

杨树山　中国教师研修网执行总编

叶　莲　深圳福田中学语文教师

谢文娴　重庆市青少年宫研究室主任

殷小川　首都体育学院心理教研室教授

满开宏　解放军某高校教授、政教室主任

执行编委：

孟微微　于　始

"光辉书房新知文库"

总策划/总主编:石 恢

副总主编:王利群　方　圆

本书作者

由春来

序：善学者师逸而功倍

有这样一则小故事：

每天当太阳升起来的时候，非洲大草原上的动物们就开始活动起来了。狮子妈妈教育自己的小狮子，说："孩子，你必须跑得再快一点，再快一点，你要是跑不过最慢的羚羊，你就会活活地饿死。"在另外一个场地上，羚羊妈妈也在教育自己的孩子，说："孩子，你必须跑得再快一点，再快一点，如果你不能比跑得最快的狮子还要快，那你就肯定会被他们吃掉。"日新博客—青春集中营人同样如此，你必须要"跑"得快，才能不被"对手"吃掉。人的一生是一个不断进取的学习过程。如果你停滞在现有阶段，而不具有持续学习的自我意识，不积极主动地去改变自己。那么，你必将会被这个时代所淘汰。

我们正身处信息化时代，这无疑对我们在接受、选择、分析、判断、评价、处理信息的能力方面，提出了更高的要求。今天又是一个知识经济的时代，这又要求我们必须紧跟科技发展前沿，不断推陈出新。你将成为一个什么样的人，最终将取决于你对学习的态度。

美国未来学家阿尔文·托夫斯说过："未来的文盲不是不识字的人，而是没有学会怎样学习的人。"罗马俱乐部在《回答未来的挑战》研究报告中指出，学习有两种类型：一种是维持性学习，它的功能在于获得已有的知识、经验，以提高解决当前已经发生问题的能力；另一种是创新性学习，它的功能在于通过学习提高一个人发现、吸收新信息和提出新问题的能力，以迎接和处理未来社会日新月异的变化。

想在现代社会竞争中取胜，仅仅抓住眼下时机，适应当前的社会是远远不够的，还必须把握未来发展的时机。因此，发现和创造新知识的能力是引导现代社会发展的关键。为了实现自我的终身学习和创造活动，我们的重点必须从"学会"走向"会学"，即培养一种创新性学习能力。

学会怎样学习，比学习什么更重要。学会学习是未来最具价值的能力。"学会学习"更多地是从学习方法的意义上说的，即有一个"善学"与"不善学"的问题。"不善学，虽勤而功半"；"善学者，师逸而功倍"。善于学习、学习得法与不善于学习、学不得法会导致两种不同的学习效果。所以，掌握"正确的方法"显得更为重要。

学习的方法林林总总，举不胜举，本丛书从不同角度对它们进行了阐述。这些方法既有对学习态度上的要求，又有对学习重点的掌握；既有对学习内容的把握，又有对学习习惯的培养；既有对学习时间上的安排，又有对学习进度上的控制；既有对学习环节的掌控，又有对学习能力的培养，等等。本丛书理论结合实际，内容颇具有说服力，方法易学易行，非常适合广大在校学生学习。

掌握了正确的方法，就如同登上了学习快车，在学习中就可以融会贯通，举一反三，从而大幅度提高学习效率，在各学科的学习中取得明显的进步。

热切期望广大青少年朋友通过对本丛书的阅读，学习成绩能够有所进步，学习能力能够有所提高。

本丛书编委会

前　言

习惯是什么？按照《现代汉语词典》的权威解释，习惯是长时期里逐渐养成的、一时不容易改变的行为、倾向或社会风尚。有人说："教育就是培养习惯。"从更深刻的意义上讲，习惯是人生之基，而基础水平决定人的发展水平。大量事实证明，习惯常常可以决定一个人的成败。

学习习惯是指在学习过程中经过反复练习逐渐养成的，不需要意志努力的自动化的学习行为方式。养成良好的学习习惯，有利于激发学生学习的积极性和主动性；有利于形成学习策略，提高学习效率；有利于培养自主学习能力；有利于培养学生的创新精神和创造能力，使学生终身受益。

英国唯物主义哲学家、科学归纳法的奠基人培根，一生成就斐然。他在谈到习惯时深有感触地说："习惯真是一种顽强而巨大的力量，它可以主宰人的一生。因此，人从幼年起就应该通过教育培养一种良好的习惯。"

有学者曾经做过一次关于学生学习现状的调查，在令家长最头疼的问题一项调查栏中，调查人员惊讶地发现，让家长最为烦恼的不是学生的学习成绩，而是学习习惯。48.6%的家长"对孩子最不满意的是习惯差"。76.5%的家长认识到"习惯的好坏决定着学习成绩的好坏"。

在中国青少年研究中心的"少年儿童良好习惯的调查研究"中显示，"学习不爱刻苦钻研，常常被动学习"是当今学生七大不良习惯之一。老师烦恼"学生上课走神，做小动作，注意力不集中"；家长担心"我的孩子常常边做作业边玩，做完不检查，作业经常出错"；孩子苦闷"为什么我总是考不出好成绩"。这些数据与问题，都让我们不得不将眼光投注到一个如影随形但却常常会被忽视的因素——学生的学习习惯。

良好学习习惯的养成需要学生、教师、家长、社会的共同努力。本书从学生、教师、家长三方面入手，在参考大量教育学文献的基础上，针对教学过程中存在的问题帮助学生认清养成良好学习习惯的意义以及哪些是不好的学习习惯，对学生需要养成哪些良好的学习习惯以及怎样去做作出了通俗易懂的论述；为教师和家长在培养学生良好学习习惯的过程中应该为学生做些什么以及如何培养学生良好习惯的策略，提供了深入细致的阐释。

编　者

目 录

第一章　习惯——造就人生的基础工程 ……………… 1

　　一、习惯是一种巨大的力量 ………………………… 1

　　二、学习习惯的形成过程 …………………………… 5

　　三、养成良好学习习惯的好处 ……………………… 8

　　四、常见的不良的学习习惯 ………………………… 13

第二章　养成良好的学习意识 ………………………… 16

　　一、一心向学的习惯 ………………………………… 16

　　二、专心致志地学习 ………………………………… 18

　　三、认真思考的习惯 ………………………………… 21

　　四、主动学习的习惯 ………………………………… 25

　　五、自信地对待学习 ………………………………… 27

第三章　培养良好的学习习惯 ………………………… 32

　　一、严格执行学习计划 ……………………………… 32

　　二、讲究学习卫生 …………………………………… 38

　　三、课前做好预习 …………………………………… 40

　　四、课堂认真听讲 …………………………………… 43

五、课后及时复习 ……………………………………… 54

六、按时完成作业 ……………………………………… 57

七、阶段性地进行复习 ………………………………… 60

八、考前做好总复习 …………………………………… 62

九、整理错题集 ………………………………………… 67

十、广泛阅读的习惯 …………………………………… 71

十一、良好的记忆习惯 ………………………………… 75

十二、创造性思维能力 ………………………………… 84

第四章 学生应自觉养成良好的学习习惯 ………… 89

一、循序渐进,实现理想目标 ………………………… 89

二、克制自己,培养自制力 …………………………… 92

三、树立榜样,模仿中养成习惯 ……………………… 97

四、渐入佳境,开始惯性飞行 ………………………… 100

第五章 教师应培养学生良好的学习习惯 ………… 104

一、培养学生的策略 …………………………………… 104

二、教师需要做些什么 ………………………………… 124

第六章 家长应帮助孩子养成良好的学习习惯 …… 151

一、帮助孩子的策略 …………………………………… 151

二、家长需要做些什么 ………………………………… 158

第一章　习惯——造就人生的基础工程

从一上学，老师就告诉我们要养成良好的学习习惯，那么什么是学习习惯呢？学习习惯是指在学习过程中经过反复练习逐渐养成的，不需要意志努力的自动化的学习行为方式。学习习惯是一种比较巩固的动力定型。例如一个孩子养成了晨读习惯，每当早晨起床后，就会不假思索地拿起书本坐到一定位置上朗读起来。

一、习惯是一种巨大的力量

有的学生也许会说："养成良好的学习习惯并不是很重要，只要我竭尽全力去学习，就一定会取得好成绩！"其实这种想法是错误的，良好学习习惯的养成，关系到同学们掌握正确的学习方法，取得优异的学习成绩；良好学习习惯的养成，不仅对同学们当前的学习发生作用，而且将使你们终身受益。

我国著名教育家陈鹤琴老师说："习惯养得好，终身受其益；

1

习惯养不好，终身受其累。"著名教育家叶圣陶也说过："教育是什么，只需一句话，就是养成良好的习惯。"养成了好的习惯，"好的态度才能随时随地表现，好的方法才能随时随地应用，好像出于本能，一辈子受用不尽。"在我国古代就有"少年若天性，习惯成自然"的说法。习惯对于一个人性格的形成、能力的发展等都具有特别的作用。

1978 年，75 位诺贝尔奖获得者在巴黎聚会。有人问其中一位："你在哪所大学、哪所实验室里学到了你认为最重要的东西呢？"出人意料，这位白发苍苍的学者回答说："是在幼儿园。"他人又问："在幼儿园里学到了什么呢？"学者说："把自己的东西分一半给小伙伴们；不是自己的东西不要拿；东西要放整齐，饭前要洗手，午饭后要休息；做了错事要表示歉意；学习要多思考，要仔细观察大自然。从根本上说，我学到的全部东西就是这些。"这位学者的回答，代表了与会科学家的普遍看法。把科学家们的普遍看法概括起来，就是他们认为终生所学到的最主要的东西，是幼儿园老师给他们培养的良好习惯。

鲁迅先生小时候，要求自己抓紧时间，时时刻刻地叮嘱自己"时时早、事事早"，这样长时间地坚持下去，就成了他的好习惯了。这位以"小跑走完一生"的作家，在中国以至世界文学史上留下了辉煌的业绩，成为世界有史以

鲁迅

来十大文豪之一。

19 世纪西班牙最伟大的小提琴家萨拉萨蒂曾被媒体称为天才，对此，萨拉萨蒂回击说："天才?! 37 年来我每天苦练 14 个小时，现在，有人叫我天才?!"显然，萨拉萨蒂知道，并不是什么天才或天赋就能造就一个时代最杰出的小提琴家，而是一种坚持不懈的习惯。古罗马著名诗人奥维德说："没有什么比习惯的力量更强大。"因此，人从幼年起就应该通过教育培养一种良好的习惯。

联系现实生活中的人和事，再仔细分析一下，就会越发感到那些科学家的话、培根的话确实包含着深刻的道理，尤其是在学习问题上，几乎对于每一个人都适用。如果你渴望获得较好的学习成绩，如果你渴望有效地利用时间，如果你渴望在学术上有所建树，那么，就请你尽早养成良好的学习习惯。

对于"习惯"的阐述，先贤们早就用最朴素的语言进行了描述："人之初，性本善，性相近，习相远。"的确，每个人的资质与潜能相近，但后天的学习或习惯却让人与人的成就差距越拉越远。而在学习上，这条法则同样适用，学生的智商并没有多大差别，而且，据研究证明，智商和学习成绩好坏之间的关系系数为 2.2%。而真正左右学习效果的往往是那些看似毫不入眼却根深蒂固存在的学习习惯。学习是一项有规律的活动。这项活动的运行机制是以学习精神为表征的动力结构，以学习方法为表征的能力结构和以学习习惯为表征的调节结构组成的。因此，良好学习习惯的养成对提高学习效益有着不可低估的作用。

首先，良好的学习习惯是学生学习活动走向成熟的标志。在学习启蒙阶段，学生们学无常规，只是被动地照着学；然后，在教师指导下，逐渐地探索出一套适合自己个性的学习方法，保证其学习循规蹈矩地进行。假如，这种学习习惯出现自觉的、稳定的、有效的特征，说明他们已经走上了学习科学化的道路。

其次，良好的学习习惯是精神、意志、毅力的集中体现。良好的学习习惯有一个探索、形成的过程，学习活动不是一帆风顺的，有来自社会、家庭、亲友的干扰；有求知自身遇到的困难。因此，学习习惯的形成、稳定、持久有赖于精神、意志和毅力。良好学习习惯的养成过程是精神教育和意志毅力磨炼的过程。

第三，良好的学习习惯的养成将使学生受益终生。当代科技的高速发展，使人们认识到继续教育、终身教育的必然性、重要性。而学习者的良好学习习惯是同每个人的生物钟、学习方法密切相关的，若一旦养成，对其继续教育将发生长效的作用。

小故事大智慧

一根小小的柱子，一截细细的链子，拴得住一头千斤重的大象，这不荒谬吗？可这荒谬的场景在印度和秦国随处可见。那些驯象人，在大象还是小象的时候，就用一条铁链将它绑在水泥柱或钢柱上，无论小象怎么挣扎都无法挣脱。小象渐渐地习惯了不挣扎，直到长成了大象，可以轻而易举地挣脱链子时，也不挣扎。

驯虎人本来也像驯象人一样成功，他让小虎从小吃素，直到小虎长大。老虎不知肉味，自然不会伤人。驯虎人的致命错误在于他在一次摔了跤之后让老虎舔净他流在地上的血，老虎一舔就一发不可收拾，终于将驯虎人吃了。

小象是被链子绑住，而大象则是被习惯绑住。老虎曾经被习惯绑住，而驯虎人则死于习惯（他已经习惯于他的老虎不吃人）。习惯几乎可以绑住一切，只是不能绑住偶然，比如那只偶然尝了鲜血的老虎。

二、学习习惯的形成过程

学习习惯有好坏之分，学生自觉地学习，及时预习、复习，上课注意力集中，笔记工整清楚，遇到问题积极思考等等都是学习的好习惯。反之，也有种种学习的坏习惯。良好的学习习惯，是学习活动顺利进行的保证。如果一个学生没有养成良好的学习习惯，这个学生的学习是无法想象的，学习成绩也一定不会好。著名教育家叶圣陶说过："中小学的根本任务就是培养学生的习惯。"作为教师和家长的重要任务之一是要培养学生良好的学习习惯，抑制和消除不良的学习习惯。

日本心理学家调查过从小学四年级到高中三年级学生的学习习惯，结果表明，学生随着年龄的增长，其学习习惯的得分并不

增加。据此认为，学习习惯是在小学低年级就形成了，以后如果不给予特别的教育，形成的习惯难有多大改进。那种认为树大自然直的观点是不可取的。一棵带有枝枝杈杈又弯弯曲曲的小树，长大能直吗？因此，尽早培养学生良好的学习习惯是非常重要的。学生年龄越小，越容易养成良好的学习习惯，形成的良好习惯也越容易巩固住。不良的学习习惯发现得越早，也越容易纠正。我们正是基于这种认识，从小就注意培养良好的学习习惯。

学生的不良习惯积累越多越不容易建立良好的习惯，因为任何习惯都是比较牢固的暂时神经联系，要想改变它，必须做出巨大的努力，花费很大的气力。例如，有的学生形成上课不集中注意听讲的坏习惯，即使在教师的教诲下有了改正的决心，有时好了几天却又犯了。犯了又改，改了又犯，这需要长期的意志锻炼，有时是非常痛苦的。所以，那种认为小学低年级要让学生放纵一些，到了高年级再来培养学生学习习惯的做法是不正确的。

学习习惯形成的标准一般有 3 条：一是动作的速度，指经过多次反复练习，组成学习习惯的一系列动作的敏捷性日益提高；二是动作的质量，指动作的精确性和协调性应该不断提高；三是学习者本身的体力消耗和脑力消耗要不断维持相对平衡。如果学生某种学习活动达到上面 3 条标准，说明他某种学习活动的习惯已经养成。

学习习惯的形成是一个长期复杂的过程，这一过程的心理发展规律主要表现在 4 个方面：

1. 由外部支配到内部控制的过程

小学低年级学生的学习习惯是在教师和家长的要求下或模仿他人情况下形成的。例如，小学低年级学生上课注意听讲、积极思考问题以及认真完成作业等学习习惯的形成，主要靠外力作用，很少出于内部自觉。到了小学高年级和中学，学生随着学习认识的提高，把老师和家长的要求转化为自己的内部动力，使学习习惯形成更趋于自觉性，表现在任何情况下，都能自觉地努力学习。

2. 由简单到复杂的过程

学生在小学低年级的学习习惯是具体的、简单易行的。例如，上课铃响立即进教室准备好上课的文具用品，安静地坐在自己的位置上等。这些都是小学低年级容易做到的。但到了小学高年级和中学，随着学习认识水平的提高，知识的不断增长，那些抽象的比较复杂难做的学习习惯、应用系统学习方法的习惯等良好学习习惯在学习活动中将日益得到巩固。

3. 由不稳定到稳定的过程

学生在小学低年级，由于年幼无知、缺乏自制力，一些良好的学习习惯是不稳定的。例如，语文课能认真听讲，但数学课听讲却不认真。而到了小学高年级和中学，在老师和家长的教育下，良好的学习习惯日益稳定，例如，对各学科出现的疑难问题都能独立思考等等。

4. 好习惯和坏习惯不断斗争的过程

在学习过程中，不是好习惯代替坏习惯，就是坏习惯代替好

习惯。教师和家长应根据学生的年龄、个性特征，培养其良好的学习习惯，抑制和消除不良学习习惯。克服坏习惯首先要使学生认识到坏习惯的危害，树立克服坏习惯的信心和决心。其次是锻炼学生与坏习惯斗争的意志力。意志在良好学习习惯形成中起着重要作用，孩子如果缺乏毅力，不能持之以恒，良好的学习习惯就难以形成。例如，有的学生既想学习又想看电视，为培养放电视时自己能坚持学习的好习惯，就要以顽强的毅力抑制看电视的念头而坚持学习，经过多次反复，就能形成当别人看电视时自己仍能坚持学习的好习惯。

三、养成良好学习习惯的好处

国内外教学研究统计资料表明，对于绝大多数学生来说，学习的好坏，20%与智力因素相关，80%与非智力因素相关。而在信心、意志、习惯、兴趣、性格等主要非智力因素中，习惯又占有重要位置。

古今中外在学术上有所建树者，无一不具有良好的学习习惯。进化论的创始人达尔文说："我的生活过得像钟表的机器那样有规则，当我的生命告终时，我就会停在一处不动了。"达尔文所说的"规则"，便是指良好的习惯，当然也包括学习习惯。

就连智力超群的科大少年班的学生，在谈到自己成绩优异的

原因时，都强调自己有良好的学习习惯。其中，13 岁进入科技大学的少年大学生周峰，认为自己成功的秘诀就是从小养成了良好的学习习惯。周峰认识汉字，记忆英语单词，都是每天 10 个，即使走亲访友时也从不间断。就这样，一年下来，便记住了 3000 多个汉字和 3000 多个英语单词。这是他量化的学习习惯。周峰该学习的时候就一心一意学习，该玩儿的时候就轻轻松松地玩儿，自觉性极强，从不需要别人提醒，更不需要别人强制。他听英语广播学英语，一到点便准时打开收音机。这是他定时的学习习惯。周峰学习时总是全神贯注，思想从不开小差，精神略有溜号，便立即作出调整。这是他专心致志的学习习惯。

养成良好的学习习惯，有利于建立稳固的生理和心理的"动力定型"。习惯是人在较长时间内形成的规律性的行为方式，一旦形成便难以改变。长期有规律地安排学习的人，便可以养成良好的学习习惯。这种良好的学习习惯的形成，至少有 3 个方面的好处：

1. 可以通过生物钟、通过条件反射自动提醒你自觉地去做该做的事。比如每天早晨及时起床，自觉地为上学做好一切准备；上课铃声一响自觉跑回教室做上课的准备；放学回家，每到广播英语或电视英语节目时间，就自觉地及时打开收音机或电视机。这些事情，对于一个有良好习惯的人来说，几乎都是靠生物钟、靠条件反射来自动控制的。如果不是靠习惯，这许许多多看似平常的事做起来就会显得手忙脚乱，甚至丢三落四，以至于使你动辄被动，造成心烦意乱。

2. 可以发挥下意识的作用。下意识的特点是直接受习惯的支配。一般人都有这样的体验：吃完早饭准备上学，刚一走近自行车便随手掏出钥匙，接着打开车锁，然后朝着学校的方向前进。这些动作几乎连想都没有去想。这是下意识在发挥作用。同样道理，一个具有良好学习习惯的人，他的下意识会随时随地支配他按照平时习惯了的套路做那些与学习相关的事，使之在不知不觉中，事情做得轻轻松松，有条有理。

好的习惯一旦养成，便可终身受益。世界上著名的"铁娘子"英国首相撒切尔夫人在谈及习惯时说："有时事务太忙，我也可能感到吃不消，但生活的秘诀实际上在于把90%的生活变成习惯，这样你就可以习惯成自然了。毕竟你想都不用想就去刷牙，这是习惯。"撒切尔所说的"想都不用想"，实际上就是受习惯支配着的下意识在发挥作用。

3. 可以调动潜意识为学习服务。潜意识的特点是直接受人的情感和需要支配，受情景因素的影响。大多数学生都有这样的体验：心里已经清醒地意识到，嘴上也在说着贪玩儿不利于学习，今后不再贪玩儿了，可是鬼使神差地又贪玩儿了。为什么会这样？这实际是潜意识在支配他，是他的潜意识中有一种强烈的玩儿的渴望。一个养成了良好学习习惯的人，他对学习有一种亲和心理，他从心底里把学习当成了第一需要，当成了乐趣，不学习便难受。那些愿意玩儿的人拖他去整天打麻将、玩游戏机或保

龄球，他会感到没意思、无聊、难受。即使出于身体锻炼的需要或者不得已而逢场作戏，他的心思也仍然始终在学习上，甚至连睡眠做梦的内容也都与学习相关。这也是潜意识在发挥作用。

潜意识的作用非常大，一些科学家、文学家、艺术家之所以能在休息的时候，甚至在睡眠的时候产生灵感，都是因为他的潜意识与外界刺激，与自己不懈寻觅、孜孜以求、长期探索的问题之间保持着必然联系。剑桥大学的哈钦森在他的调查材料中说："有70%的学者承认在自己创造性的科研活动中，梦境发挥了重要的启示作用。"现代科学之父——笛卡尔认为，自己1619年11月10日晚上3个互不联系的梦造成了他生活的转折，梦境使他形成了关于方法论和数学物理方面的基本概念。1865年，德国的化学家凯库莱坐在颠簸的马车上打瞌睡，梦中揭示了苯的分子结构之谜。1869年，俄国化学家门捷列夫也是在梦中看见他日思夜想的元素周期表的。为什么两位化学家能够梦见苯环、元素周期表而普通的农民、商人却梦不到？答案很简单，就是因为前者具有这方面的潜意识，而后者没有。

笛卡尔

小故事大智慧

一次学期数学抽考，教研员亲自来监考。开考还不到20分钟，教研员便悄悄与该校李老师开玩笑说："我会算命，这个班里哪些学生比较优秀，哪些学生不太理想，我都知道了。"李老师不解，于是，教研员笑着在学生座位表上，圈了几个名字。"这几个是不错的，那几个不太理想。"考完后，李老师与班主任核实，班主任大为惊讶，说与实际情况完全符合。这么准的预测说是"算"出来的，那肯定是无稽之谈。那么，到底是什么让这位教研员有如此"神算"呢？

事后，教研员与李老师道出了谜底。原来他在巡视学生考试的情况时，注意了两件事——文具盒和草稿纸。"我看到有几位同学，文具盒里乱糟糟的，许多笔都丢弃在了文具盒的外面。而打草稿呢，有的打在桌子上，有的打在橡皮上，即使是在稿纸上做，也没有规律，随手而写。这都证明他们没有形成一个良好的学习习惯，在这样的情况下，是不会取得很好的学习成绩的。""而另外有几位同学，他的文具盒干干净净，里面的文具摆得整整齐齐，而且还配了备用笔。说明他为这次考试做了充分地准备工作。再看他们的草稿纸，事前已经叠出了方格，考试时，一个格里打一题，非常清楚明了。这些都证明他们有着比较良好的学习习惯，在这样的习惯引导下，就算没有太聪明的脑袋，也会取得好成绩。"

教研员用一句意味深长的话结束了他的分析——习惯，丈量着与成功的距离。

四、常见的不良的学习习惯

现在我们来认识一下哪些是不好的学习习惯，同学们可以通过此节做一下反省对照，看看自己是否存在这些问题。

1. 学习时间不固定，作息时间没有规律。每天必要的学习时间无法保证，学习时完全凭情绪，有的同学想学就看几眼，不想学就去玩。有的同学情绪好的时候可以学到深夜，情绪不好的时候，就什么都干不了。要知道知识是日积月累起来的，人不可能在极短时间内把大量的学习内容输入到大脑里去，饥一顿饱一顿，三天打鱼两天晒网，只能是事倍功半。

2. 上课前不会预习，听课溜号。课前不会预习，结果上课根本不知道老师讲的哪里是重点、难点。不懂不会也不主动问老师和同学。学习时一心二用，上课时经常精神溜号，甚至做一些与学习毫不相干的事；自习课时常沉迷于空想，或者东翻西看，浪费时间；做作业或复习时，常做一些小动作，一边听歌一边写文章、算题，哪里说话哪搭茬儿。

3. 做作业时不是先复习后做作业。总是碰到问题就打电话问同学，或者干脆拿同学的作业本来抄。即使知道看书做习题，也是马马虎虎、粗心大意、走马观花一样不去细心钻研；做好作业不会自己检查，写完了事。

4. 测试卷子发下后只关心分数，不会分析失误的原因。一考不好就只怪罪于粗心大意，没有看清题目，而不去反省一下自己究竟是那些知识点没有掌握。对待学习问题不善于或不愿意归纳总结，致使自己的知识掌握一直有死角。

5. 平时不会作系统性的复习，考前开夜车、搞突击。对所学知识不求甚解，只掌握皮毛就觉得自己都会了。要想较好地掌握知识，必须靠每日的知识积累，没有量的积累，便不会有质的飞跃。靠集中复习、临考突击学到的知识，不但数量少，而且质量差，经不起严格的检验。

6. 遇到困难便灰心丧气、自暴自弃，没有自信。主要体现在学习上一遇到困难就立马打退堂鼓，不敢挑战困难。做习题时总挑自己会的做，而稍微有些麻烦或者有难度的习题就不想做，觉得自己做不了。

7. 不会总结学习方法。对于老师提供的建议性的学习方法不去试验着做，而自己又不去总结学习方法。所以终究形不成自己的有效的学习方法。只是盲目地去学。

8. 学习被动。学习上不明白自己要干什么，该干什么，总是让老师和家长在后面催。不会主动地提出问题、分析问题，不会主动地进行复习。需要在别人的督促下才能完成学习。

9. 不会合理地制订学习计划，不能科学地利用学习时间。直接导致学习效率低，用很长时间去学习却没能学到多少知识。

10. 眼高手低，有些同学觉得自己什么都学会了，看到一些基础的习题不愿意去做，只喜欢做一些难题、偏题，结果一到考试时由于基础不牢，不能取得良好的成绩。

11. 自我约束能力差，在好习惯形成过程中，或者在坏习惯克服过程中，容易出现反复、拖拉、敷衍、放任等现象，容易出现跟着感觉走的现象。例如在玩和学习之间总会优先选择前者，而且玩起来就没有节制，占用了本来应该是学习的时间。例如一些学生回家先开电视，看完动画片接着看电影，结果看到晚上八九点，甚至更晚，把本应该是做作业的时间都占用了。

12. 做事不够认真，给自己制订的计划或目标不能够坚持到底，经常半途而废。例如有的学生给自己订的目标是每天背会20个单词，结果背了10个就失去耐心，不再坚持背诵了。

第二章　思维意识上良好的学习习惯

　　成功人士并不见得比其他人聪明，但是，好习惯让他们变得更有教养、更有知识、更有能力；成功人士也不一定比普通人更有天赋，但是，好习惯却让他们训练有素、技巧纯熟、准备充分；成功人士不一定比那些不成功者更有决心、或更加努力，但是，好习惯却放大了他们的决心和努力，并让他们更有效率、更具条理。那么作为学生，要迈出成功的第一步，我们就必须要养成良好的学习习惯。习惯可分为思维意识上的习惯和行为习惯，本章，我们就了解一下，在思维意识上同学们应该养成哪些良好的学习习惯。

一、一心向学的习惯

　　一心向学的习惯，是所有学习习惯中最重要的习惯。这种习惯一旦养成，你就会自动自觉地甚至不由自主地把万事万物都与学习联系起来，你的感观便会成为知识信息的扫描仪和接收器，你的大脑便会成为容纳知识百川并且对其进行过滤、加工、再造的法宝。同时，你会感到生活到处都充满乐趣。

具有一心向学习惯的人，能够充分地利用时间。这种人，在看书看报看电视乃至做一切事情时，都能把注意力的"光圈"调到与学习相关的"目标"上去；能够利用所有的闲暇时间直接或间接地做与学习相关的事。只要你注意观察就不难发现，知识分子、尤其是有所追求的知识分子，在看电视时大多倾向于看与知识、信息、时事相关的节目，看与自己所从事的业务相关度大的节目；而一般工人、农民则喜欢看武打、枪战、歌舞、杂谈之类的节目。对电视如此，对其他传播媒介也是一样。

教育改革家魏书生老师曾经讲述过一段他亲身感受的故事：在机场候机室里，广播里传出了飞机因故迟飞2小时的消息。一般乘客心急如焚，怨声叠起；而魏老师则心静如水，同平时在办公室里一样，利用这2个小时构思文章。有一心向学习惯的人，通过这种日积月累，时间转化成了知识，知识转化成了智慧，也就逐渐形成了优势。

具有一心向学习惯的人，最能调动潜意识的作用。科学家巴斯德说："机遇只偏爱有准备的头脑"，一心向学的头脑便是有准备的头脑。同样是水壶，普通人烧出的是开水，而瓦特却烧出了蒸汽机；同样是手被草叶子拉破了，普通人只会想到埋怨草的无情和自己的粗心，而鲁班却想到了发明锯；同样是看到苹果从树

上掉下来，果农见了只感到心疼，而牛顿却由此发现了万有引力定律。造成这种差别的根本原因是什么？答案只有一个：就是因为瓦特、鲁班、牛顿平时一心向学，善于参悟，勤于钻研。所以，这些自然界的微弱刺激便激起他们灵感的火花。

二、专心致志地学习

专心致志的学习习惯，是同学们必须养成的起码的学习习惯。同学们学习时养成凝神静思、专心致志的习惯是非常重要的，它是一个学生必须具备的学习品质。有些儿童上课时易走神，作业时不能进入状态，有一点动静就离开作业思路，然后又从头开始集中注意力，这样就严重影响了学习的效率。同学们一定都听说过《小猫钓鱼》的故事吧。与这个故事的寓意相同的还有中国古代"一手画圆，一手画方"的说法，旨在告诉人们学习时不可一心二用。

心理学上曾有人做过对比研究：请来两组知识能力大致相同的学生，让第一组的同学边听故事边做简单的加法习题，而第二组也做同样的两件事，但是两项内容分开进行。同样的时间后，检查加法题的成绩，并请每个人复述听过的故事。结果是：第一组习题与复述的错误率都明显高于第二组。由此看来，一般人不可能同时高质量地做好两项或两项以上的事情。如果硬要同时

做，必然使每件事的质量都有所降低。不信你可以当场实验：左手右手各拿一支笔，一手画圆儿，一手画方，双管齐下。其结果必然是圆也不圆，方也不方。古语"目不能两视而明，耳不能两听而聪"，说的就是这个道理。

生活中确实也能找到一些一心二用的例子，比如：老师能一边讲课一边观察学生，司机能一边开车一边哼小曲，家庭主妇能一边看电视一边织毛衣，摇滚歌星能一边唱歌一边跳舞，农民能一边铲地一边说笑话等等。这在心理学中叫做注意的分配。注意的分配不是任何人、任何时候都能做到的。这要求一些条件，其中最重要的是：同时进行的两项或多项活动，一般都是比较熟悉的，最多只能有一项是不十分熟悉的，而其他与之同时进行的活动要达到几乎自动化的程度才行。

仔细分析一下上面所举的 5 个例子，无一不属于这种情况。就拿司机来说吧，行车路线必须是熟悉的，小曲必须是比较熟悉的。假如他第一次开车进入一座陌生的城市，或者车辆、行人拥挤不堪的时候，他就难以做到边开车边哼小曲，否则，非出事儿不可。在电视节目中，我们曾经看到京剧演员一边唱一边双管齐下写毛笔大字。从表面看，这些事情的难度都比较大，实际上这是长期训练的结果。对于表演者来说，所表演的内容都是非常熟悉的。

综上所述，可以得出这样的结论：一心二用不利于提高学习效率，学习应该专心致志。

专心致志，包括以下 2 个方面：

1. 要致力于主攻方向不分神。就是在一定时期内紧紧围绕主攻方向，安排学习内容，除学校组织和提倡的健康活动外，一切与主攻方向相悖的乃至不相关的劳神费时的事情都尽量不要涉足。诸如打游戏机、赌钱、早恋、过多地读课外书籍和过多地看电视等等。

2. 全神贯注不溜号。上课时要全神贯注地听讲，做作业时聚精会神地思考。对于一切与学习无关的事情能够做到听而不闻，视而不见，以意封闭。有些同学上课时精神溜号，讲话或摆弄东西，甚至做一些与学习毫不相干的事；课后做作业，一边听歌一边写文章、算题，哪里说话哪搭茬儿，或者故意插科打诨、耍怪逗哏。这些做法都是与专心致志的学习习惯背道而驰的。

对于上课注意力不集中的同学，有一个办法可以试一下，方法是在手腕上套一根皮筋，在上课时如果发现自己溜号了，就用皮筋弹一下手腕，使自己有些疼痛，算是对自己溜号的一种小惩罚，这样坚持下去，上课溜号的毛病就有可能改掉。

小故事大智慧

从前，医生常推荐儿童和康复的病人多吃菠菜，据说它含有大量的铁质，有养血、补血的功能。可是，约八九年前，德国弗里堡大学化学专家劳尔赫在研究化肥对蔬菜的有害作用时，无意中发现，菠菜的实际含铁量并不像宣传的那样高，只有各种教材和手册中所规定数据的 1/10！劳尔赫感到很诧异，便进一步对多

种菠菜叶子反复进行分析化验，从未发现菠菜含铁量比别的蔬菜特别高的情况。于是他探索有关菠菜含铁量高的"神话"是从哪里来的。原来是近百年以前，印刷厂在排版时，把菠菜的含铁量的小数点向右错点了一位，从而使数据扩大了 10 倍。

1962 年，美国发射了一艘飞往金星的"航行者一号"太空飞船。根据预测，飞船起飞 44 分钟后，9800 个太阳能装置会自动开始工作，80 天后电脑完成对航行的矫正工作；100 天后，飞船就可以环绕金星航行，开始拍照，然而，出人意料的是，飞船起飞不到 4 分钟，就一头栽进大西洋里。后来经过详细调查，发现在把资料输入电脑时，有一个数据前面的负号给漏掉了，这样，原来的负数变成了正数，使整个飞船的计划就失败了。一个小小的负号，使美国航天局白白耗费了 1000 万美元、大量的人力和时间。

通过这两个故事我们可以看出，稍不注意就可能酿成很严重的不良后果，所以在学习过程中，同学们就要培养专心致志、一丝不苟的精神，为以后的学习工作打下良好的基础。

三、认真思考的习惯

认真思考的学习习惯，有利于提高学习质量，有利于培养人的能力，尤其有利于增强人的发现、发明和创造能力。认真思考的学习习惯，是学子比较高级的修养。法国启蒙思想家、哲学家

卢梭在《爱弥儿》一书中指出："在儿童时期没有养成思想的习惯，将使他从此以后一生都没有思想的能力。"可见儿童时期培养善于思考的能力是多么重要。德国物理学家普朗克说，思考"可以构成一座桥，让我们通向新知识。"伽利略说："思考是人类最大的快乐。"爱迪生说："不下决心培养思考习惯的人，便失去了生活中的最大乐趣。"爱因斯坦说："每当我脑子中没有什么特别问题需要思考时，我就喜欢重新验证我早已知道的数学和物理定理。这样做并没有什么目的，只是为了让自己有机会充分享受一下专心思考的愉快。"学习是一种独立的智力活动，别人不能替代。需要每个人单独去掌握。养成认真思考的学习习惯，至少有以下 3 个方面的好处：

1. 可以加深对知识的理解和记忆。通过认真思考，可以把感性认识上升到理性，找出所学知识之间的相互联系，把散在的知识点连接成有机的整体，从总体上把握知识体系。这种思考，在初学一章一节时，显得不是那么重要，随着学习的深入，随着相关知识量的增加，这种思考显得越来越重要。比如初中代数，在代数式、方程、不等式的学习过程中，就应该进行"代数式与方程""方程与不等式""方程与等式""不等式与等式"等关系的思考。思考的过程，便是一个归纳整理的过程，通过思考可以加深理解，有利于充分消化吸收。

还记得一首儿歌：人有两个宝，双手和大脑，双手会劳动，大脑会思考。这话虽不多，但道理却不浅。优秀生之所以优秀，

是因为他们善于运用大脑这个宝贝去不断思考，而不是单纯地记忆，要知道我们的大脑不是知识的仓库，而是一个知识的加工厂。文史学得好的同学，不是因为他的记忆力好，而是因为他善于思考。

2. 有利于对书本知识批判地吸收。"青年人相信许多假东西，老年人怀疑许多真东西。"这是德国谚语，虽不是普遍真理，然而它却指出了值得注意的倾向。历史上有些重大错误，就是这两种倾向相结合的产物。因此，养成认真思考的习惯，可以防止"读死书"和"死读书"，不仅能鉴别和选择书籍，而且还能够死书活读。在读书时，不论是业务知识还是思想观点，都能批判地吸收，正确的予以肯定吸收，错误的加以否定扬弃。

明代有一位医生给病人开了一副药，并关照说，在煎时加一块"锡"。一位叫戴元礼的医生听了后狐疑顿起，赶去询问。那医生翻开书说："书上是这样写的嘛！"戴仍疑云未消，找了很多书对照，发现"锡"乃"饧"字之误，前者为重金属，后者为糖。从而纠正了医学上的一大错误。可见，思考对于批判地吸收别人的东西是何等重要。孔子说："学而不思则罔，思而不学则殆。"罔即迷惘，殆即疑惑。孟子说："尽信书不如无书。"孟子所言之书，是专指《尚书》，今天可以理解为：对书本知识不可以全信，而应该批判地吸收。清代学者王夫之说："致知之途有二，曰学、曰思。"这都是在强调养成认真思考习惯的重要性。

3. 通过思考可以不断解开疑团，激发灵感，从而有所发现、

有所发明、有所创造。科学家爱因斯坦，在整个科学生涯中，始终信奉"怀疑一切"这句格言。正是凭这种"怀疑一切"的精神，爱因斯坦提出了划时代的"光量子"概念，创立了相对论。

明代医药学家李时珍，读书善于思考。在研究古书时，发现诸家说法不一、相互矛盾之处甚多。他决定"采其精华"，"正其谬谈"，使之"是非有归"。经过深入实际考证研究，为1000多种药物重新作出了科学结论。他在《本草纲目》中还增辑了新药300多种，新方8000多条。我国化学家温元凯，

李时珍

在大学一年级上无机化学课时，学到离子极化一节，老师、教材和所涉及的参考书都说这是个定性理论。这个理论可以解释大量的化学现象，但有局限性。他想，把这个理论从定性发展到定量该多好。后来，他下决心研究这个问题，经过多年努力，终于建立了一种定量模型。

从小学到中学，我们不知要做多少道题目。有人会问："做这么多题目有用吗？"我的回答是："没用！"那怎样才能让它们发挥应有的作用？思考。我们老师有一句话常挂在嘴边："缺乏思考的学习是无效的劳动。"我觉得很有道理。我很反对缺乏思考，没日没夜做题目的学习方法。思考，可以让我们少做无用功。平时做题时多想想，多问问自己，不能认为得到答案就行。

比如做英语时，可以默读几遍，培养培养语感，也可以顺便多认识几个单词。做语文时，注重积累，一些题目可以成为你作文中的素材。做数学时，问问自己："这一题考察什么知识点""如果我来出题，我会怎么出""还有其他解法吗"……这样日积月累，你会发现思路变得很开阔，做题目也会很有心得。

养成认真思考的学习习惯，应注意以下几个方面：一是对所学的新知识，通过思考找出它与以前所掌握的知识之间的联系和区别，使知识形成体系，从而加深理解和记忆；二是对于思考过程中发现的不懂、不理解的问题，及时向别人请教；三是请教仍然得不出正确答案的问题，暂时存于头脑中，日后再继续探索。

四、主动学习的习惯

如果说被动学习是把知识往同学们脑袋里灌，那么主动学习就可以算是做学问，通过阅读、研究、分析、比较，让自己掌握的知识更系统、更充分、更扎实。这就像是给自己心中的知识树浇水施肥，看着它逐渐茂盛起来。两者的差别在于，一个能在自己心里扎根，另一个只能留下暂时的记忆。主动学习能力是学习者在学习活动中表现出来的一种综合能力，具备这种能力的人具有强烈的求知欲，能够合理地安排自己的学习活动，具有刻苦钻研精神，并且能够对自己的学习效果进行科学的评价。有了一定的自主学习的能力，学生就不再是被动接受知识，而是能用科学的方法主动探求知识的学习的主人。

从效果上来看，主动学习的效果更好；从效率上来说，主动学习的效率更高；从难易程度上来看，条件反射的题海战术和强化训练，等于是用做 10 道题的时间，来找出 1 道不会做的题目，并且在发现不足之后，同学们的脑力体力都近于衰竭，即使当时能死记硬背记下题目做法，只要稍加变化，结果还是不会。而主动学习，则是把全部时间用来弥补自己的弱点和漏洞，当然能更容易取得好成绩。物理学家 LAUE 有句名言："重要的不是获得知识，而是发展思维的能力。教育无非是一切已学过的东西都已忘掉的时候所剩下来的东西"。这里"所剩下的东西"也就是我们所指的科学素质中的学习能力。"人们在细节被淡忘之后仍然应该记忆的知识洞察力和技巧"。培养主动学习的习惯将使我们终身受益。

主动学习就是要把"要我学"变为"我要学"，其过程可以分为学习者自我监控、自我指导和自我评价。自我监控是指学生观察、审视自己的学习过程，自我指导是指学生制订学习计划，选择适当的学习方法，组织学习环境等行为，自我评价是指学生评定自我的学习结果，从而促进进一步的学习。学习者自己确定学习目标，自己制定学习进度，自己设计评价指标，这样的学习有感情的投入和内在动力的支持，这样就会形成一种有效的学习过程。

别人不督促能主动学习，一学习就要求自己立刻进入状态，力求高效率地利用每一分钟学习时间。让每一分钟学习时间都过

得有意义，每一分钟都要有新的收获。要有意识地集中自己的注意力用于学习。

小故事大智慧

"福特公司"为大家所熟知。福特大学毕业后，去一家汽车公司应聘，和他同来的应聘者都比他的学历高，前几个同仁应聘后，福特觉得自己没有什么希望。当他被叫到董事长的办公室时，他发现一进门的地下有一张纸，于是很自然地捡起来，一看是脏纸，顺手扔进废纸篓，然后向董事长走去说："我是前来应聘的福特。"董事长说："福特先生，你已经被我们录用了。"福特很惊讶，董事长继续说："前面三位的学历比你高，且仪表堂堂，但是他们看到的只是大事，他们会忽略很多小事，他们是不会成功的。"果然，这个汽车公司后来改变了美国的经济状况，福特把它改名为"福特公司"。

可以这样认为，那一张纸就是考题，董事长就是要从小事选择不同寻常的人。

五、自信地对待学习

自信是创新者不可缺少的良好心理素质，很多的科学研究都证明，人的潜力是很大的，但大多数人并没有有效地开发这种潜力，这其中，人的自信力是很重要的一个方面。无论何时何地，你做任何事情，有了这种自信力，你就有了一种必胜的信念，而

且能使你很快就摆脱失败的阴影。相反，一个人如果失掉了自信，那他就会一事无成，而且很容易陷入永远的自卑之中。自信作为一种个性化的学习习惯，在个人的一生发展中起着不可替代的作用，透过自信的学习习惯培养过程能使同学们敢于对自己提出高要求，在失败中看到成功的希望，鼓励自己不断努力，获得最终成功。在平时生活中家长要提倡孩子独立钻研，分析问题，解决问题，经常使用"我认为"、"我的想法是"、"再让我来试一试"、"我还有更好的方法"等提出意见的方式，从而唤起同学们的主人翁意识，培养自己克服困难的能力和不怕挫折的精神。同时在学习中也要善于联想、想象，敢于假设。任何创造都离不开这种思维习惯，从小掌握这种方法终身受益。

屡次失败的成功履历

1816 年　他的家人被赶出了居住的地方，他必须工作以抚养他们。

1818 年　他母亲去世。

1831 年　经商失败。

1832 年　竞选州议员——但落选了！

1832 年　工作也丢了——想就读法学院，但进不去。

1933 年　向朋友借一些钱经商，但年底就破产了，接下来他花了 17 年，才把债还清。

1834 年　再次竞选州议员——赢了！

1835 年　订婚后就快结婚了，但伊人却死了，因此他的心也

碎了!

1836 年　完全精神崩溃，卧病在床 6 个月。

1838 年　争取成为州议员的发言人——没有成功。

1840 年　争取成为选举人——失败了！

1843 年　参加国会大选——落选了！

1846 年　再次参加国会大选——这次当选了！前往华盛顿特区，表现可圈可点。

1848 年　寻求国会议员连任——失败了！

1849 年　 想在自己的州内担任土地局长的工作——被拒绝了！

1854 年　竞选美国参议员——落选了！

1856 年　在党的全国代表大会上争取副总统的提名——得票不到 100 张。

1858 年　再度竞选美国参议员——又再度落败。

1860 年当选美国总统。

这个人就是著名的美国总统亚伯拉罕·林肯。生下来就一贫如洗的林肯，终其一生都在面对挫败，8 次选举 8 次都落选，2 次经商失败，甚至还精神崩溃过 1 次。好多次，他本可以放弃，但他并没有如此，也正因为他没有放弃，才成为美国史上最伟大的总统之一。可以说，没有强大的自信，林肯早就被各种各样的挫折击溃了，可见自信是多么的重要。

树立自信心，首先要树立学习不难的思想。识字不难，阅读不难，说话写作不难！开始有点难，学学就不难！越学越不难！我与别人比，学得慢些，但我比他多花点工夫，赶上他也不难！

树立自信心，在学习中要不断显示"我能行！"。"我能行！"就是相信自己有能力，有本事做好！在学习中不断显示"我能行！"，就是不断提高学习的信心。我能够写好字！我能够读好书！我能够写好文！……总之，我能行！

做完作业，主动给同学或家长或老师看，这实际上就是说："瞧，我多行！"自己写了一句话、一个片段、一篇文章……主动念给别人听，这实际上就是说："瞧，我多行！"

自己看了一个精彩的故事，主动讲给大家听，把大家的注意力都吸引过来，这行动也是在说："瞧，我多行！"

树立自信心要多与自己比，少与别人比。只要自己比原先有进步，学习就会更有劲头。昨天记住一个字，今天能记住两个字，这就是进步！昨天不敢讲话，今天举手发言了，这也是进步！昨天10道题，对了一道，今天对了两道，进步了！

树立自信心要简化知识，从模仿开始！先学着做，模仿多了，想有所变化，有所创造，那就会学了。

"成功是最好的动力。"天天都有成功的，天天都企盼获得更多、更大的成功，还愁学不好吗？

小诀窍： 怎样摆脱自卑感

同学们要习惯于在困境中回忆自己最最成功的时刻，从中获得自信，然后带着自信上路。我发现，我总是能迅速走出低谷。有一些方法可以来进行积极心理暗示，同学们可以根据自己的实际情况进行选择。

1. 对自己说一些鼓舞的话："我行""比上次情况好多了"等等；

2. 在想象中预演，比如，想象着自己考入了理想的学府，想象着自己在校园徜徉，想象着自己在研究室做实验等；

3. 想象自己成功的事例和时刻；

4. 把每一次失败都当作是最后一次；

5. 小小的进步也要奖励自己；

6. 别给自己贴上失败的"标签"。

第三章　学习行为上良好的学习习惯

古希腊著名哲学家亚里士多德说过，"我们每一个人都是由自己一再重复的行为所铸造的。因而，优秀不是一种行为，而是一种习惯。"多一个好习惯，心中就将多一份自信；多一个好习惯，人生中就多一份成功的机会和机遇；多一个好习惯，我们生命里就多了一份享受美好生活的能力。我们已经对养成良好学习习惯的意义及在思维意识上应该养成哪些良好的学习习惯有了较为深刻的了解，那么，在学习过程中，我们应该养成哪些良好的学习行为习惯呢？下面我们就具体总结一下。

一、严格执行学习计划

凡事预则立，不预则废。严格执行学习计划，养成定时定量的学习习惯，可使学习目标明确，时间安排合理，不慌不忙，稳扎稳打，是推动我们自主学习和克服困难的内在动力，是实现目

标、克敌制胜的法宝。谁能根据奋斗目标制定出科学的计划，并且定时定量地完成计划，谁就能无往而不胜。

有一个故事，讲的是一位父亲带着三个儿子到沙漠中去猎杀骆驼。到达目的地后，父亲问大儿子，"你看到了什么?"大儿子回答："我看到了父亲、沙漠和骆驼。"父亲又问二儿子："你看到了什么?"二儿子回答："我看到了父亲、哥哥、弟弟、弓箭、沙漠和骆驼。"父亲最后又问三儿子："你看到了什么?"三儿子回答："我看到了骆驼。"父亲满意地回答道："答对了。"这个故事告诉我们无论做什么事都要有明确的目标，这样才能取得成功。

一般说来，目标比较容易确定，计划也是比较容易制定的，但制订计划时一定要注意计划要切实可行，既要有长远打算，又要有短期安排，学习计划要灵活机动，要能够与当时的学习状况相协调，规定得太死会使学习计划缺乏实际操作性。执行过程中要严格要求自己，磨炼自己的意志。难的是定时定量地完成学习计划。这就是通常所说的"知易行难"。

定时学习是完成学习计划的前提。定时学习，包含 2 层意思：一是每天必须保证必要的学习时间，二是到了该学习的时候马上学习。人脑也像机器一样，功率是一定的，不可能在极短时间内把大量的学习内容输入到大脑里去，因此，学习需要长流水不断线，需要安排足够的时间。一个人只要一日三餐，常年不断，虽粗茶淡饭，也不会影响身体健康；如果饥一顿饱一顿，虽吃山珍海味，也难有好体格。与此相似，知识必须日积月累，才能武装出聪明的头脑，如果三天打鱼两天晒网，必然事倍功半。俗话说："不能一口吃个胖子""不能一锹挖个井"，讲的都是这个道理。因此说，定时学习是完成学习计划的前提。

定量学习是完成学习计划的保证。学习计划是通向学习目标的道路，定量地完成学习计划，就等于在这条道路上不断前进，在计划的指导下，当知识的量达到一定程度时，便到达了目标。没有量的积累，便不会有质的飞跃。知识积累的总量是由每日、每时学习的分量累加起来的。受学习规律的制约，获取知识的日分量值只能是 $0 \sim 1$，l 为英语 limit（极限）一词的缩写，表示人在一天之内所能获取知识量的最大值。尽管这个值是因人而异的，但对于大多数人而言，差异不大。假如，一天之内，最多可以学会 100 个汉字或 100 个外语单词，这个知识量即为日分量最大值。实现计划目标的知识总量是由日分量的累加而得出的，当日分量值全为 0 时，知识的总量也为 0；当日分量值全为 l 时，知识的总量为最大值。由此可见，只有每一天都定量学习，才能获得较好的学习成绩。因此说，定量学习是完成学习计划的保证。要想保持优异而稳定的学习成绩，就必须养成定量学习的习惯。

定量学习，包含 3 层意思：一是记忆先行，每天必须完成记忆任务，包括外语单词、语法，数理化定理、定义、公式，语文字、词、语法、修辞等等；二是必须完成作业，把所学的课堂教学内容（包括例题和习题）弄懂弄通；三是复习领悟，使以前所学的知识融会贯通，运用自如。在完成上述 3 项任务的情况下，

可选择做一些课外的数理化习题，做一些外语的阅读与理解练习和听力练习，进行语文的作文写作训练。需要特别指出的是，这4个层次不能颠倒。

在实际学习生活中，许多学生学习缺乏应有的计划，既不定时，也不定量，从形式到内容全是被动式的，老师推一推，他就动一动。在学习的时间安排上，总是先松后紧；在学习内容的安排上，喜欢搞临考突击，往往是老师留作业，就做一做，不留作业、不做要求的，就概不理睬。记忆内容欠账，复习欠账，导致知识的链条断档，老师讲课跟不上趟儿。这样学到的知识，不但数量少，而且质量差，往往是"水过地皮湿"，经不起严格的检验。也有的同学，在该记的没有记住、该懂的没有搞懂之前就忙于去做课外难题，题是勉强会做了，但没有掌握规律，没有抓住根本。一天的计划用不着涵盖所有的科目，那样常常会影响学科能力得到实质性的提高。一般来说，一天复习 3~4 个学科就可以了，复习时要有所侧重，突出重难点，加强对薄弱环节的复习。

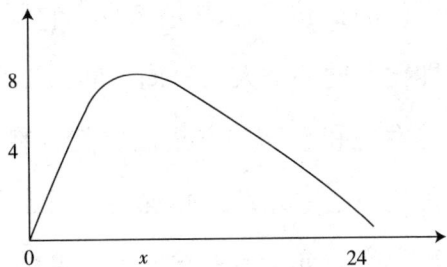

学习的时间越长，学得的知识就越多吗？很多学生对这个问题并不十分清楚。我们可以通过上面这个曲线图来说明一个人的

学习时间同他的学习效果之间的关系。

假若他不学习，那他什么也学不到（0点）；如果他学习1小时，他将会取得事半功倍的效果（2点）；同样，学习时间再多一点，可能学到的东西也会更多一些（3点）。是不是说学习时间的长短与学习效果成正比关系呢？其实不是如此。你若一天学习23个半小时，那么你会精疲力竭，收获甚小，得到的是事倍功半的效果（4点）；相反，你若减少一点学习时间，也许学到的东西还会更多一些（5点）。

不管这个曲线如何，它必然有一个顶点。图中的 x 点就是一个人一天中所能学到的东西有一个最大极限，或者说最佳效果、最佳适度点。人会感到疲劳，这是必然的。谁都不能摆脱或忽视它。如果你想感受一下你疲劳后的学习状况，你可以硬使自己的学习时间超过最佳适度点，那时就会发现你的学习效果越来越差，得到的仅仅是疲劳。

当一名好学生的诀窍在于使自己一天的学习尽量接近最佳适度点。我无法告诉你的最佳适度点是多少，它同学习方法有关，而且因人而异，即便是同一个人，每周之间情况也有所不同。这要靠自己去摸索、发现和总结。方法之一就是在你学习的时候，把最佳效果的原理记在心中并且留心观察，当你逐渐感到疲劳的时候，若坚持继续学完一页，结果发现什么也没记住，这就是一个很明显的迹象，说明你已达到了顶点，应该放下书本了。

大多数学生发现他们的最佳适度是一天连续学习只可在 5 个

小时左右，也许你可以超过 5 个小时或者少于 5 个小时，但只要你 5 小时内认真学习，那你会进步得很快。当你没有学习的时候，你又在干些什么呢？有些学生考试前什么事都不做，只坐在椅子上发愁，想让大脑得到充分休息，这是不对的。人的大脑是不会休息的，甚至在睡觉时，你也会做梦，当然你可能记不得梦见了什么。人们只能通过不同的外界活动来使大脑放松。当你达到最佳工作时数时，你就该停止学习了。你可以到室外，或者干点别的事，干什么都行，只是要积极地进行其他活动而不是学习。

小故事大智慧

从前有一个人非常穷困。一个好心人见他可怜，就想帮他致富，送给他一头牛，叮嘱他好好开荒，等春天来了撒上种子，到秋天就可以远离那个"穷"字了。

这个人满怀希望开始奋斗。牛要吃草，人要吃饭，日子比以前还难。他想，不如把牛卖了，买几只羊，先杀一只吃，剩下的还可以生小羊，长大了拿去卖，可以赚更多的钱。

他的计划如愿以偿，只是吃了一只羊以后，小羊迟迟没有生下来，日子艰难，忍不住又吃了一只。于是他想：不如把羊卖了，买成鸡，鸡生蛋的速度要快一些，鸡蛋立刻可以赚钱。

这个人卖羊买鸡后，日子并没有改变，于是又忍不住杀鸡，杀到只剩一只鸡时，他的理想彻底崩溃。他想：致富是无望了，还不如把鸡卖了，打一壶酒，三杯下肚，万事不愁。

春天来了，那位好心人兴致勃勃地来送种子，竟然发现他所帮助的人正就着咸菜喝酒，牛早就没有了，此人依然一贫如洗。

很多陷入困境的人都有过梦想，甚至有过机遇，有过行动，但要坚持到底却很难。一个投资家说自己成功的秘诀是：没钱时，不管怎么困难，也不要动用投资和积蓄，压力会使你找到赚钱的新方法，帮你还清债务。这是个好习惯。

性格形成习惯，习惯决定成功。

二、讲究学习卫生

青少年时期既是长知识时期，又是长身体时期，因此，中小学生应该知识身体并重，在整个学习生活中，讲究学习卫生，养成良好的学习卫生习惯。

从某种意义上讲，智力和精力都是以体力为基础的。对于许多学生来说，学习成绩达到一定水平以后，再想拔尖往往不是拼智力而是拼体力。值得注意的是，我国中小学生乃至大学生的身体素质与发达国家相比普遍偏低，近视率普遍偏高。其中有80%考生的报考志愿受身体条件、尤其是视力的制约。这不仅仅会制约学生的个体发展，而且也影响了整个中华民族的综合素质，甚至还会影响到子孙后代。造成学生身体素质下降的原因是多方面的，其中不注意学习卫生便是主要原因之一。养成讲究学习卫生习惯，重点应克服以下几种不良习惯：

1. 有劳无逸的习惯

人的耐力是有限的，打破限度就会造成永久性损伤，尤其是眼睛，视角长时间固定在一个范围内，最容易引起眼肌疲劳，造成假性近视，甚至发展成真性近视。因此，在学习时应该注意劳逸结合。每学习一个小时以后，都休息10分钟，做一些锻炼身体的运动，及时消除大脑和眼肌的疲劳，防止造成疲劳积累，提高总体学习效率。在实际生活中，有些学生，一旦学习热情上来了，就废寝忘食，有劳而无逸，得到一本好书，就一口气看上几个乃至十几个小时。学习起来，不感到累就不休息，不感到困就不就寝，劳逸不结合，睡眠不定时。这种学习习惯，天长日久必将对身体产生副作用。

2. 躺着看书的习惯

躺着看书，很难控制书与眼之间的距离，也难以控制视角；躺着时大脑由于局部受压迫，血流不畅。因此，躺着看书、看电视，容易引起眼睛疲劳，时间稍长，眼睛就会有一种干涩的感觉，严重时就会造成视力损伤。除了注意不要躺着看书之外，还应注意不要在光线过强或过暗的地方看书。有许多人喜欢躺着看书，感觉躺着看书舒服、不累，其实这是一种错觉，躺着看书最容易疲劳、犯困。经常躺着看书，不仅会对视力造成不良影响，而且还可能因为条件反射，引起习惯性失眠。

3. 闭目思考或躺在床上思考的习惯

闭目思考或躺在床上思考，对思考本身没有什么影响，但是这种习惯对睡眠和健康有不良影响。有的人什么事情想不通，就晚上躺在床上思考，结果往往是问题想通了，而睡意全无了。久而久之，便形成了一种习惯，一躺下就想问题。长此以往，便造成了习惯性失眠。晚上头一贴枕头就条件反射，不由自主地想各种各样的问题，以至于不能自制。人脑的兴奋与抑制是一对矛盾，当兴奋占上风时，人就醒着，当抑制占上风时，人就睡了。俗语说"闭目养神"，其实闭目所养的神恰好可以保证你睡不着，使你的精神兴奋与抑制处于势均力敌状态，结果是一睁眼睛觉得困，一闭眼睛又兴奋。因此，切忌闭目思考或躺在床上思考。

另外，还应注意克服边吃饭边思考、边走路边思考、边上厕所边思考的习惯。在学术界，常有人推崇欧阳修的"三上"，即利用马上、枕上、厕上的时间构思文章。其实"三上"作为一种治学精神值得提倡，而作为一种治学方法则不宜效法。

三、课前做好预习

做好课前预习是非常重要的。著名教育家叶圣陶先生说过："预习是学生运用自己的心力对新知识的尝试了解，实际上就是学生的自学过程。"通过课前预习，学生可以凭借自己的力量掌握部分学习

内容，获得成就感；通过预习，可以发现独立解决不了的问题，引起探索的兴趣，为进一步积极主动地深入学习造成一种期待情境。课前预习是课前的准备工作，准备工作做得充分了，带着问题听课，上课时才会处于一种主动、自觉、紧张的状态。反之，如果上课时有一个知识点没有跟上老师的步骤，下面的就不知所以然了，造成一步落后，步步落后，如此恶性循环，就会开始厌学。因此我们在学习过程中，首先要养成良好的预习习惯。

预习不是随便翻翻书，而是要认真阅读课本，预习要学的知识，这样既能培养和提高我们的自学能力，又使听课更具有针对性。自学能力的提高，具有长远的意义，它可以让我们终身受益。在预习过程中，通过认真阅读、积极思考，逐步树立问题意识，对书中叙述的概念、定律、定理、定义中有本质特征的关键词句尽可能仔细品味，初步理解其内涵，不时给自己提出一些问题，看出一些问题，一节内容看下来，哪些是有疑问的，哪些是难理解的问题，这样带着问题走进课堂，一定能让你的学习事半功倍。课前预习可以提高课上学习效率，有助于学生更好的掌握课程的重点难点。预习时应做到以下几点：

1. 确立预习的目标层次。基础层次的目标仅要求初步通读和了解新课的主要内容，做到心中有数；中层次的目标要求对新课设计的中心，结构有一定的理解，并找出重点、难点、疑点；高层次的目标则要求熟悉新课，理清思路，提出问题并能初步解决问题。对某一次预习确定哪一层次的目标，应根据个人的基础

和可能用于预习的时间长短而定。

2. 合理安排预习时间。课前预习一般应安排在上新课前的晚上，复习完旧课之后进行。时间的长短则要结合考虑新课内容性质及实际可能而定，重要且较难的新课、预习用时可长些；如果时间多，可多预习几科，或每科预习层次提高些。

3. 对要学的内容，认真研读、理解。可以采用先粗略读一遍再精读的方法，粗略阅读时主要是找出要学内容的重点难点，而精读时则要面面俱到。

4. 应用预习提示、查阅工具书或有关资料进行学习，对研读中不懂的问题加以认真思考，做好标记，以便课上有重点地去听、去学、去练。这样有助于加深自己对不懂的问题的印象，更好更全面的掌握知识。

5. 了解新知识和已学知识之间的联系。相邻章节的知识一般都是存在一定的联系的，通过了解新知识和已学知识之间的联系，不仅可以更好地理解新知识，同时也对已学知识进行了复习，可以说一举两得。

6. 准备一个预习本，把要学内容和知识等方面的重点、难点和疑点在预习本上做好笔记，这样在上课时就可以有针对性地听课，在复习时自己也就有一定的依据。

7. 利用课后练习，深入理解要学的内容。课后练习一般都是针对该节课的重要知识点所出的习题。通过课后练习使自己进一步掌握要学内容的知识点。

小故事大智慧

有一个青年画家，画出来的画总是很难卖得出去。他看到大画家阿道夫·门采尔的画很受欢迎，就登门向他求教。

他问门采尔："我画一幅画，往往用不到一天的时间，为什么卖掉它却要等上整整一年的时间呢？"

门采尔想了一下，对他说："请倒过来试试。"

青年不解地问："倒过来？"

"是的。如果你花一年的工夫去画，只要一天的时间就能卖掉它。"

"一年才画一幅，这多慢啊！"

"对！创作是一个艰巨的工作，是没有捷径可走的。试试吧，年轻人！"

青年画家接受了门采尔的忠告，回去以后，苦练基本功，深入收集素材，周密构思，用了近一年的时间与精力画了一幅画。果然，不到一天的时间画作就被买走了。

青年画家从这次的成功经验中体会到，想要做好一件事是没有取巧的方法，唯有"脚踏实地"才是不二法门。

四、课堂认真听讲

上课听讲是学习过程中最为重要的一个环节，是同学们在学习中少走弯路、提高成绩的重要保证。据不完全统计，学生获得的知识有90%来自于课堂，因此，课堂上学习习惯的好坏直接决

定着学生获取书本知识的多少。老师的分析讲解、启发点拨，不管从内容的连续性、生动性，还是从方法的系统性、灵活性，都比课后老师或家长的辅导详细得多，更是同学们自己看书远远不能比拟的。实际上，一般的学习方法经过程序化以后就形成了习惯，而良好的学习习惯往往是形成学习能力的基础。这样，"上好课"既可培养良好的学习习惯，又能掌握学习方法，学习能力也就逐步提高了。

上课要做到情绪饱满进课堂，有着一种强烈渴求知识的愿望，这是上好一堂课的保证和动力。精力集中；抓住重点难点，弄清关键；主动参与，积极思考分析；大胆发言，展示思维。除此之外，上课时还应该做到以下几点：

1. 准备充分，遵守纪律

准备充分，要做到2点：一是要在上课之前把与本节课程相关的教材、练习册、笔记本以及文具准备好。这样就避免自己在听课时需要什么资料或文具再东找西翻，因而影响自己听课的效果和心情。二是要做好上这节课的思想准备，回忆一下自己在预习这节课的内容时都存在哪些问题，这样听课时也就更有效率。

只有遵守纪律，才能保证良好的听课效果，上课时要避免交头接耳、传纸条、搞小动作的行为。有些同学渴望受到别人的关注，就会在课堂上做一些搞笑的动作，或是接老师的话来引起其他同学的注意，这些同学要认识到自己为什么会有这种行为，同时要认识到这种行为带来的不良影响，这不仅会影响自己和同学的学习，甚至会影响你与同学之间的友谊，容易引起别人的反感。认识到这些，相信你就会自觉地改正这种毛病，从而保证自己的注意力一直在老师所讲的内容上，同时也不会影响到其他同学的学习。

2．专心听讲，会听门道

有相当多的学生认为，上课听不懂没有关系，反正有书，课下可以看书。抱有这种想法的学生，听课时往往不求甚解，或者稍遇听课障碍，就不想听了，结果浪费了上课的宝贵时间，增加了课下的学习负担，这大概正是一部分学生学习负担的重要原因。

从心理学来讲，注意力是心理活动对一定对象的指向和集中，它是心理过程的动力特征。注意力的指向性，可使人的心理活动在每一瞬间都能有选择地反映事物；注意力的集中性，可使事物在人脑中获得清晰和深刻的反映。正因为注意拥有指向性和集中性两个重要的特征，所以，注意力具有选择、保持以及对活动的调节和监督的功能。正如前苏联心理学家西·索洛维契克说的："要想在课堂上集中注意力，我们还是从一年级就学会做简单的事情开始吧：身体坐正，振作起来，做好听课准备……这样，我们就会非常容易地把注意力集中在老师的讲解上。"

思路就是思考问题的线索，上课听讲一定要理清思路，要把老师在讲课时运用的思维形式、思维规律和思维方法理解清楚。目的是向老师学习如何科学地思考问题，以便使自己思维能力的发展建立在科学的基础上，使知识的领会进入更高级的境界。分心是注意力的反面，分心不是没有注意力，只是没有把注意力指

向和集中在当前的学习上，心不在焉，必定"视而不见、听而不闻、食而不知其味"。能否调动所有感觉器官学习，是学习效率高低的关键性因素。因此同学们要做到"四到"，即眼到、耳到、手到、心到。课上应集中注意力，全神贯注地听老师讲解，眼睛要盯着老师或黑板，看老师的表情或板书内容，耳朵听老师讲课，边想边记，头脑思考所讲的内容，思路应与老师的同步。

同学们要学会听门道。一般老师讲课分成几个大步骤：开始复习与新课有关的旧知识，接着引入新课，然后进行新课、分析讲解、推理，启发学生理解掌握新课的内容，最后还要概括小结一下。教学中，学生要认清老师每一步讲解的目的，并积极配合，达到老师既定的目的。一堂新课，总要介绍一些新概念、新方法、新技巧，那么课堂上就要搞清楚每一个新概念的内涵和外延，弄清概念与概念之间的关系。例如上数学课就知道数学公式、法则、性质和定律怎么推导出来的，以及如何运用。对于数理化生这样的理科科目是循序渐进、积累性很强的科学，所以要步步为营，当堂的问题当堂解决，段段听段段清，不要欠账。

3. 大声朗读，踊跃发言

古人云："书读百遍，其义自见。"这是很有道理的，不朗读就不能体味文字之妙、音韵之美、情思之深，所以，要养成大声读书的习惯。演讲是现代人应该具有的能力。而大声朗读正是演讲的基本功。大声朗读能帮助同学们更好的理解课本，加深对所学内容的记忆。

在听课中一定要克服消极等待的听课方式，而是要积极主动地学习老师讲授的知识，跟住老师的思路，大胆回答老师提出的问题，不要怕暴露错误。暴露问题是好事，在老师的指导下及时解决问题就是收获。踊跃发言、积极回答问题可以促进思考，加深理解，增强记忆，提高心理素质，促进创新意识的勃发。踊跃发言的同学会受到老师更多的关注，从而与老师形成更好的互动，使自己的听课效果更好。要努力使自己成为学习的主人，踊跃发言非常重要。回答问题时要做到主动，起立迅速，声音洪亮，表述清楚。养成这样的习惯将会使你一生受用不尽。

4．多思善问，大胆质疑

学习要严肃认真、多思善问。"多思"就是把知识要点、思路、方法、知识间的联系与生活实际的联系等结合起来认真思考，形成体系。"善问"不仅要多问自己几个为什么，在遇到不懂的问题时还要虚心向老师、同学及他人询问。古人云："君子之学必好问。问与学，相辅相成者也，非学无以置疑，非问无以广识。好学而不勤问，非真能好学者也。""学贵有疑"，疑是思之始、学之端。教学就其本质而言就是引导学生发现问题、解决问题的过程。学生在学习中产生了疑问，就能主动地向未知领域做新的探索。

有些同学虚荣心比较强，遇到不懂的问题也不好意思问老师或同学，害怕自己的问题比较简单别人会笑话他"连这样简单的问题都不会。"这类同学在问问题时可以这样想："如果我现在不把问题解决，考试时考不好才是真正的丢人。"要认识到，善于问问题、勇于问问题才能提高自己。

好问来自于怀疑精神，就像德国文学家君特格拉斯在阐释"启蒙"一词时所说：要使大家习惯于"思考已经思考过的东西，直到怀疑还是确信无疑"。当疑问出现时，我们应该毫不迟疑地发问，直到得到确切的答案，这便是"打破砂锅问到底"的好问精神。古人认为："读书要有疑，从疑而悟。""小疑则小悟，大疑则大悟。"在一般情况下，一堂阅读课应经历自读——浅悟——质疑——精读——深悟的教学过程。质疑也是培养同学们创新精神的主要手段，因此，同学们还要在学习的过程中，要善于提出疑问，推敲研究，有所创造，敢于合理质疑已有的结论、说法，在尊重科学的前提下，敢于挑战权威，要做到决不轻易放过任何一个问题。要注意的是质疑之前要熟读精思，没有思考和勇气，就不可能提出高质量的问题。在不断的质疑和探究中，同学们的创新精神和独立思考的能力就会得到提高。要知道"最愚蠢的问题是不问问题"，应该养成向别人请教的习惯。

5. 仔细观察，勤记笔记

对客观事物的观察，是获取知识最基本的途径，也是认识客观事物的基本环节，因此，观察被称为学习的"门户"和打开智慧的"天窗"。每一位学生都应当学会观察，逐步养成观察意识，学会恰当的观察方法，养成良好的观察习惯，培养敏锐的观察能力。"观察"这两个字有 2 层意思，"观"是看的意思，"察"是想的意思，看了不想，不是真正的观察，对认识客观事物毫无意

义。要做到观察和思考有机结合，通过大脑进行信息加工，总结出事物的一般规律和特征。仔细观察在听课过程中也很重要，每个老师的讲课习惯都不一样，他们在讲到重点或难点时都可能会有自己习惯性的动作或语气，通过仔细观察，当老师再做这种习惯性动作时，你就可以提醒自己课程讲到关键部分了，要更加认真地听。在一些需要动手实践的课程中，例如物理、化学的实验课就更要注意观察老师做实验的动作。

同时，课上要勤记笔记。笔记是帮助学生理解和记忆的手段，如果上课时既能理解又会做笔记，学生边听讲边记笔记，既动了脑，又动了手，这就有利于调动学生学习的积极性和主动性。许多家长和学生反映，在平时上课时，笔记记了不少，成绩却不理想，这种现象在学生中比较普遍。其实，这主要原因是同学们没有真正处理好听课与记笔记的关系。做课堂笔记固然重要，但首先要处理好记笔记与听课的关系，总的原则是以听为主，有选择性地进行记录，如果记笔记就是把老师的板书都原封不动地照搬照抄下来，这样记笔记意义不大，又会把自己搞的很忙乱，最根本的是没有系统地听课，所以这种舍本逐末的做法实在是不可取。我们应根据自己的学习情况，有针对性地，能体现个性特色地做笔记。

课堂上要十分重视老师所讲的典型例题，老师在课堂上选用的例题大都是经典例题，精心挑选、精心准备的，非常有代表性。讲解过程也是注重知识的灵活运用，会经常运用一题多解、一题多思、一题多变等解题方法，我们要有选择地记下来，在课

余时间，要慢慢地、细细地品味。要把老师对重点难点的分析记下来，把自己对知识的感悟记下来，把学习过程中的疑点记下来，把学习和思考过程中迸发出的灵感记下来，这样的笔记用于课后对知识的整理、反思和提升是最有帮助的。如果说在听课的过程中，我们已经完全沉浸在老师的教学中，沉浸在教学的情景中，和老师的思维已经形成了共鸣，这就是最佳的听课境界。对重点内容、关键语句也要进行"圈、点、勾、画"，把一些关键性的词句记下来。有实验表明：上课光听不记，仅能掌握当堂内容的30%，一字不落的记也只能掌握50%，而上课时在书上勾画重要内容，在书上记有关要点的关键的语句，课下再去整理，则能掌握所学内容的80%。

6. 适应老师，共同进步

学生要养成适应老师的习惯。要尊重老师的人格、欣赏老师的才学。古语云："亲其师，信其道。"一个学生同时面对各学科教师，长短不齐在所难免。一方面老师要努力提高自己的能力水平，适应学生；另一方面又不能马上把所有的老师都提高到一个适应学生要求的地步。所以学生也要适应老师，从现在适应老师，长大了才能适应社会。不会稍不如意就埋怨环境。不同层次的老师，学生用不同的方式，用眼睛向内、提高自我的方式去适应，与老师共同进步。

7. 独立思考，切磋琢磨

古人云："行成于思毁于随。"爱因斯坦也说过："学习知识

要善于思考、思考、再思考，我就是靠这个方法成为科学家的。"在课堂上，你有没有不动脑的就随着别的同学回答，人云亦云？这样的学习是无效的，要让自己的大脑活跃起来，让自己成为课堂的主人，而不是他人思维的仆人。正如爱因斯坦所说："发展独立思考和独立判断的一般能力，应放在教育的首位，而不应当把获得知识放在首位。"

在听课时，一定要把注意力集中到理解上，而不是单纯的记忆上。要培养独立思考和解决问题的能力，没有经过自己认真思考和分析的问题，马上由教师来给予解决，会弱化我们的独立思维能力，会养成有问题找老师的条件反射，到考试时一遇到疑难问题首先就缺乏了自信心。听课的过程中，除了跟住老师的思路，对于同学提出的疑问，也要积极的思考，看看自己是否也有相同的困惑，或者能否回答这个问题，有机会可以主动给同学解答问题。同样，在其他同学回答老师提出的问题时，自己要集中精力分析和判断，看看同学的回答哪些是最到位最精彩的，哪些是叙述的不够科学不够严谨的，取长补短，不断提高自己思考问题的能力。总之，不要错过任何一次动脑的机会，让自己的课堂听课效益最大化，研究甚至争辩，相互启迪，从而能够促进智慧的发展。

《学记》上讲"独学而无友，则孤陋而寡闻。"同学之间的学习交流和思想交流是十分重要的，遇到问题要互帮互学，展开讨论，研究甚至争辩，相互启迪，从而能够促进智慧的发展。每一个人都必须努力吸取别人的优点，弥补自己的不足，像蜜蜂一样不断地吸取群芳精华，经过反复加工，酿造知识蜂蜜。

8. 区分学科，有的放矢

不同学科有不同的知识结构和知识体系，因此，在学习时就需要有不同思维方式和学习方法。众所周知，文科更侧重的是人文和广博，而理科追求的是科学和严谨。具体到每一个学科还有很大的不同，例如语言领域的语文和英语，逻辑性较强的数学，实践性较强的物理、化学和生物，他们都有一些相似的地方，但又都有各学科自己的特点，这就要求同学们在听课的过程中，不但要领会教师的教学内容，要想取得真经，更重要的是要跟住老师的思路，从老师对问题的呈现方式上，对例题的讲解上，去感悟学科的思维特点和规律。例如在数学课上，我们不能满足于对公式、定理的记忆和简单的运用上，一定要重视老师对公式、定理的推理过程，这种推理过程恰恰体现的是数学的思维魅力，知道了知识的来龙去脉，还会有我们攻克不了的难题吗？对于理化生的学习既需要对知识的正确理解，也需要培养实践能力，许多专业的课程都需要通过实验、操作、运算、制图等来完成。因此，不仅要学习课本上的理论知识，还要通过实验、实践等技能性课程的训练来提高动手能力。

再比方说，在新一轮的课程改革中，理化生三科的教材中增加了很多科学史的内容，这一点是我们的教育一直忽略的问题，而恰恰在这些科学史的内容中，充分体现了学科的发展历程、学科的思想、学科的规律，同学们一定要重视老师对这部分知识的点拨和剖析。如果说我们需要站在科学巨人的肩膀上继续前行，

有更大的发明创造，就必须要了解前辈们所走过的路，重温他们的研究过程，发现他们智慧的闪光点，给我们带来思维的灵感。那么让我们在课堂上，在老师的帮助下，去领会知识的真谛，谁能说同学们将来就没有诺贝尔奖的获得者？

9. 课上勤练，善于反思

老师一般都会在课上留出一定的时间进行课上练习，老师会把当堂课的重要知识点都融入这些习题之中，所以同学们一定要认真做好这些习题。同时也要学会反思，一般来说，习题做完之后，要从5个层次反思：（1）怎样做出来的？想解题采用的方法；（2）为什么这样做？想解题依据的原理；（3）为什么想到用这种方法？想解题基本思路；（4）有无其他方法？哪种方法更好？对此归纳，思维求异；（5）能否把题目变通一下？变成另一类题目？一题多变，促使思维发散。

睡前 "七问"

第一个问题：我今天上课前都准备好了吗？因为只有做了充分的课前预习，才能在上课时跟上老师的思路，和老师同步进入角色。

第二个问题：今天在课堂上我与老师互动得如何？我主动参与了吗？我是今天的主角吗？

第三个问题：从这堂课，我在知识、能力、方法、技能、情感上有所收获吗？

第四个问题：在课堂上我投入了激情吗？有激情地学习，才是有兴趣地学习。

第五个问题：我今天的得与失在哪里？善于总结才能有所进步。

第六个问题：明天我还有哪些任务？

第七个问题：今天我过得快乐吗？我们要学会享受学习，才能体会到学习的乐趣。

五、课后及时复习

课后及时复习能加深和巩固对新学知识的理解和记忆，系统地掌握新知识，并且达到灵活应用的目的。在学习刚结束后的短时间内遗忘最迅速，所以必须尽早地加以复习。特别是对那些字母、公式、外语单词等意义不强的学习材料尤其要这样做。人的记忆是有限的，并且会随着时间的流逝而渐渐消失。1885 年，德国的心理学家艾滨浩斯通过实验发现，记住的材料 1 小时后只能保持44.2%，1 天后还能记住 33.7%，2 天后就剩 27.8% 了。艾滨浩斯的实验向我们充分证实了一个道理，学习要勤于复习，记忆的理解效果越好，遗忘也就越慢。

根据遗忘曲线，识记后的两三天，遗忘速度最快，然后逐渐缓慢下来。因此，对刚学过的知识，应及时复习。随着记忆巩固程度的提高，复习次数可以逐渐减少，间隔的时间可以逐渐加长，要及时"趁热打铁"，学过即习，方为及时，忌在学习之后很久才去复习。否则，所学知识会遗忘殆尽，就等于重新学习。

俗话说"温故而知新"，就是说，复习过去的知识能得到很多新的收获。这个"新"主要指的是知识达到了系统化的水平，达到了融会贯通的新水平。

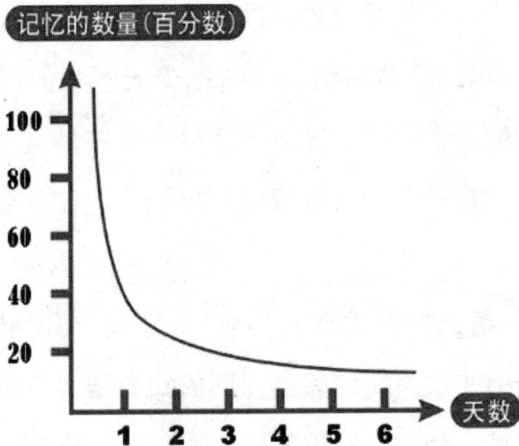

记忆的数量（百分数）

100
80
60
40
20

天数

1　2　3　4　5　6

艾滨浩斯记忆规律曲线

首先，知识的系统化是指对知识的掌握达到了一个更高的境界，也就是从整体、全局或联系中去掌握具体的概念和原理，使所学的概念和原理回到知识系统中的应用位置上去。

其次，知识的系统化，能把多而杂的知识变得少而精，从而完成书本知识由"厚"到"薄"的转化过程。系统化的知识，容量大，既好记又好用。

最后，系统化的知识有利于记忆。道理很简单，孤立的事物容易忘记，而联系着的事物就不容易忘记。想搞好知识的系统化，一要靠平时把概念和原理学好，为建造"知识大厦"备好料；二要肯于坚持艰苦的思考。逃避艰苦思考的人，是不可能真

正掌握知识的。课后不要急于做作业，一定要先对每一节课所学内容进行认真的复习，回忆一下老师所讲的内容，反复思考和咀嚼，把课堂上所学的内容好好消化掉。对不同的学习内容要注意进行交替复习。课后复习要做到以下几点：

1. 重温课本，理清脉络。重新把当天所学的课本内容仔细地看一遍，理清所学内容的脉络。区分出哪些是重点难点，哪些是次要的部分。在重点难点位置做好标记。记住主要的定理、公式、典型例题的解法等。

2. 归纳总结，把握重点。归纳知识要点，找出知识之间的联系，明确新旧知识之间的联系，形成知识结构或提要步骤式知识结构。把与重点相关的知识熟记于心。做一定量的针对重点难点的习题，通过练习加深对重点难点的理解和记忆。

3. 比较异同，抓住关键。在理科的学习中经常会出现一道习题几种解法，这就需要学生比较几种解法的异同，从而更加扎实地掌握知识和解题方法。抓住关键就是要抓住解题中的关键点。如果把一道习题比作锁，那关键点就是这道题的钥匙。抓住了关键点，再遇到类似问题时就可以迎刃而解。

4. 遇到问题，主动请教。对课后通过复习依然没有弄懂的问题不要放在那里不管，要主动向老师和同学询问，及时补上没有学好的内容，使自己在掌握的知识中不留死角。

5. 养成分散复习的习惯。假如你有 1 个小时的复习时间，把这 1 小时分几次使用比集中 1 次使用的效果更好，比如白天学

习 5 个数学公式，晚上复习 1 小时，就不如晚上复习 30 分钟，第二天复习 15 分钟，第三天复习 10 分钟，一星期后复习 5 分钟。这样做，就达到了多次复习的效果。分散复习要遵循的一条原则是：复习次数越多，间隔时间越长，每次复习的时间则越短。这样在单元测试或记忆重复时，会做得更好。

六、按时完成作业

通过作业，可以及时了解、检查自己的学习效果，加深对知识的理解和记忆，形成一定的技能和技巧。同学们要明确做作业是为了及时检查学习的效果，经过预习、上课、课后复习几个学习环节，知识究竟有没有领会，有没有记住，记到什么程度，知识能否应用，应用的能力有多强……这些学习效果问题单凭自我感受是不准确的。真正懂没懂，记住没记住，会不会应用，要在做作业时通过对知识的应用才能得到及时的检验。做作业可以加深对知识的理解和记忆，不少学生正是通过做作业，把容易混淆的概念区别开来，对事物之间的关系了解得更清楚，公式的变换更灵活。可以说，做作业促进了知识的"消化"过程，使知识的掌握进入到应用的高级阶段。

做作业可以提高思维能力，面对作业中出现的问题，就会引起积极的思考，在分析和解决问题的过程中，不仅使新学的知识得到了应用，而且得到了"思维的锻炼"，使思维能力在解答作业问题的过程中，迅速得到提高。

做作业可以为复习积累资料，作业题一般都是经过精选的，有很强的代表性、典型性。因此，即使做过的习题也不应一扔了事，而应当定期进行分类整理，作为复习时的参考资料。按时完成老师布置的作业和自己选做的作业，认真思考，认真书写，一丝不苟，对作业中存在的问题，认真寻找解决的办法。作业写完后，要想一下它的主要特征和要点，以收到举一反三的效果。做作业时要做到以下几点：

1. 先复习后做作业。在复习当天所学内容之后再做作业，这样事半功倍，使做作业的效率更高。通过顺利地完成作业也能增加自己的成就感，同时通过作业可以检验一下自己的学习效果。

2. 先审题后解题。要认真仔细地把作业题读懂，在完全理解题意后再下笔。有些同学只是粗略地看一下题就迫不及待地去做，或者看一半就下笔，这样都容易误解题意，有些同学就不得不从头开始做，导致作业的效率和正确率都不高。

3. 做作业后认真检查。做完作业一定要认真检查，检查一下答案是否正确，解题步骤有无落项。只有在平时养成认真检查的习惯，考试时就会自然地安心地去检查，养成做题严谨的习惯。避免考试时丢掉不必要的分数。

4. 书写工整，作业整齐。养成书写工整、作业整齐的习惯，在平时工作生活中做其他事情也会养成同样的有条理的习惯，对以后的学习工作都有很大的好处。通过书写工整的练习可以养成做事有条理的好习惯。

5. 按时独立完成作业。孔子说："学而不思则罔，思而不学则殆"，学习和思考是不可分割的。特别是独立思考的习惯非常重要。养成独立思考的习惯，就要思考知识之间的联系和区别，使知识在头脑中形成体系。因此，作业要独立思考完成，只有通过自己的努力而完成的作业，才能享受到你学习成功的快乐。

小故事大智慧

小恩是一家小书店的店主，他是一个十分爱惜时间的人。一次，一位客人在他的书店里选书，他逗留了一个小时才指着一本书问店员："这本书多少钱？"店员看看书的标价说："1 美元。""什么，这么一本薄薄的小册子，要 1 美元。"那个客人惊呼起来，"能不能便宜一点，打个折吧。""对不起，先生，这本书就要 1 美元，没办法再打折了。"店员回答。

那个客人拿着书爱不释手，可还是觉得书太贵，于是问道："请问小恩先生在店里吗？""在，他在后面的办公室里忙着呢，你有什么事吗？"店员奇怪地看着那个客人。客人说："我想见一见小恩先生。"在客人的坚持下，店员只好把小恩先生叫了出来。那位客人再次问："请问小恩先生，这本书的最低价格是多少钱？""1.5 美元。"小恩先生斩钉截铁地回答。"什么？1.5 美元！我没有听错吧，可是刚才你的店员明明说是 1 美元。"客人诧异地问道。"没错，先生，刚才是 1 美元，但是你耽误了我的时间，这个损失远远大于 1 美元。"小恩毫不犹豫地说。

那个客人脸上一副掩饰不住的尴尬表情。为了尽快结束这场谈话，他再次问道："好吧，那么你现在最后一次告诉我这本书的最低价格吧。""2 美元。"小恩面不改色地回答。"天哪！你这是做的什么生意，刚才你明明说是 1.5 美元。""是的，"小恩依旧保持着冷静的表情，"刚才你耽误了我一点时间，而现在你耽误了我更多的时间。因此我被耽误的工作价值也在增加，远远不止 2 美元。"

那位客人再也说不出话来，他默默地拿出钱放在了柜台上，拿起书离开了书店。

时间永远是我们最宝贵的财富，一旦失去，就永远不能够再来。所以，我们每一个人都应该成为时间的守财奴，珍惜自己的每一分每一秒。

七、阶段性地进行复习

阶段复习，有利于我们发现自己在本阶段学习中的遗漏和缺差，以便及时堵住这些知识"漏洞"，以免"小洞不补、大洞吃苦"。阶段复习的一个重要功能是实现知识向能力的转化。经过一段时间的学习，要对所学的知识进行总结归纳，形成单元、章节知识结构，在大脑中勾画图式以达到将所学知识结构化、条理化的目的。这是使知识系统化，牢固掌握知识，形成学科能力的重要一环。

同学们要勤于积累，善于总结。学会了的东西会随着时间的流逝而逐渐遗忘，但有遗忘现象是正常的，同学们要鼓励自己不必因为有遗忘现象而影响学习的信心与决心，可以把新学的知识同过去的有关知识进行横向和纵向比较和联系，形成知识网络，建立错误档案记录，加深印象，以避免再犯同样的错误，从而减轻知识遗忘的程度，加深对知识的理解。

俗话说"今日事今日毕，一周一复习。"要想牢固掌握方法，记忆知识，就必须经常定期进行阶段复习。根据认知规律，克服遗忘，即使是复习过的内容仍须定期巩固，但是复习的次数应随时间的增长而逐步减小，间隔也可以逐渐拉长。从时间安排上，可以当天巩固新知识，每周进行小结，每月进行阶段性总结，期中期末进行全面系统的学期复习。从内容上看，每课知识及时回顾，每单元进行知识梳理，每章节进行知识归纳总结，必须把相关知识串联在一起，描绘知识结构，形成知识网络，达到对知识和方法的整体把握。

那么，如何进行阶段复习呢？阶段复习是系统复习的一种。阶段复习的任务是对某一单元的教材作总结性地复习。

首先要细读教材，即全面复习。复习的内容面要广，内容要细，复习时间要长。"广"是指复习范围讲的，凡是本单元的内容都要复习。"细"是对复习的态度和深度讲的，即每个知识点

都要复习到，且弄清、弄懂。"长"是对复习的时间讲的，即复习时间要合理安排。不要为了应付而简单复习。

其次是重点复习，即利用一定的时间集中解决那些在全面复习时发现的尚未掌握的遗留问题。另外，也要解决一些看起来不难领会，实际上不能熟练运用的半掌握问题。例如在学习英语的过程中，许多学生对英语教材中的"死"知识"背"得很熟，但到真正运用中就会出现许多错误，甚至不敢开口。因此，在此阶段应重点培养其灵活运用知识的能力，把一些问题真正掌握并且能够运用自如。

在以上全面和重点复习的基础上，最后要进行系统归纳。通过前两步的复习，知识问题已基本解决，但却很不系统，看起来乱，记起来困难。这就要把知识系统化，去找规律，即把知识进行归纳分类。用这种方式把书由厚变薄，把知识由难变易，重点突出，看则一目了然，想则有条不紊，用则得心应手。

八、考前做好总复习

总复习的目的是对一个学期或者一个学年的知识进行复习，进行系统归纳、查缺补漏、解决疑难、把握重点、推陈出新、融会贯通全面掌握。要注意发现学习中的薄弱环节，加强对重点知识的深入理解。需要提醒大家的是，复习不光是复习知识，还要复习学习方法，也就是分析问题和解决问题的方法。只有学习方法不断提高

和完善，才会有学习能力的提高和发展。著名学者王国维有过"古今成大事业、大学问者，必经三种境界"的说法，我认为，总复习也有3个境界，境界不同，复习效果不同，所取得的成绩也不同。

唤起记忆是第一境界。通过几个月的学习，对前面一些知识有所遗忘是很正常的。复习之后，对需要记忆的东西进行巩固加强，对提高成绩有很大帮助。这也就是人们常说的"临阵磨枪，不快也光"。

查缺补漏乃第二境界。在平时的学习中，对某个知识点根本就没搞懂，或者对某个知识点的易错，易混处没弄明白，导致知识链出现断裂。利用复习，正好查缺补漏，把平时缺失遗漏的知识补足补齐，使知识链通畅。

归纳整理为第三境界。这也是复习的最高境界。平时所学知识是零散的、零乱的，通过归纳整理，一方面可以使知识形成体系，另一方面也能起到查缺补漏的作用。而归纳整理的最好办法就是画知识树。当一个学期所学知识真正在头脑中清楚条理的时候，才能使知识融会贯通，触类旁通，也才能举一反三，联想创新，学以致用。孔子云："温故而知新，可以为师矣。"意思是说复习旧的知识时，又领悟到新的东西，可以凭（这一点）做老师了。当你们达到复习的最高境界时，也就离"青出于蓝而胜于蓝"不远了。

当然，要使复习有好的效果，还有3点要做到。

首先，要把复习当成一种乐趣，一件愉快的事。孔子云："学而时习之，不亦说乎？"；其次，在复习中要有主观能动性，

既要听老师的话，把老师的复习意图贯彻好，又不能完全听老师的话，要在完成老师意图的基础上有自己的小计划，课堂完成不了的，下课要补充完成，还有能力多复习的要给自己加量；最后，教材为本，整体复习。课本是复习的阶梯，学习须有"本"可依。任何考试都是考查学生用已学过的知识来解决新的问题。要培养这种能力，复习时就要以课本为主线，进行系统地复习，使所学过的知识由零散过渡到完整，构架起较为完整的知识系统，训练综合运用知识的能力。以课本为主线进行整体复习，并非简单地重复已学过的知识，而是对学过知识进行系统梳理。这样，就能使所学知识系统化，有利于知识的巩固与掌握。

总复习策略

第一，教材为本，整体复习。课本是复习的阶梯，学习须有"本"可依。复习时以课本为主线，进行系统地复习，使所学过的知识由零散过渡到完整，构架起较为完整的知识系统，训练综合运用知识的能力。以课本为主线进行整体复习，并非简单地重复已学过的知识，而是对学过知识进行系统梳理，对某些知识点要进行归纳与对比。尤其对某些似是而非的知识点，在复习中一定要弄清楚，并能灵活运用。

认真看课本上的复习参考题和每章的复习小结，力争复习参考题每题都过关。复习小结了然于心。

立足基础知识、基本技能和基本方法，重在理解。基本的概念、规律、技能、方法是学习的基础，打好基础才能向前发展。如何做到理解呢？不仅能知其然更要知其所以然、能举一反三、能辨别近似概念和规律，则可视作理解了。多从不同角度考问自己，多和同学探讨如何理解，多做联想和比较，自然理解力大增。

第二，制定看书计划、绘出知识结构网络图，形成完整的知识结构体系。归纳过程中，要有序地多角度概括思考问题，找出内在联系。然后根据知识结构网络图去发散、联想基础知识点和每个知识点的基础题。

紧紧抓住重点和难点，努力感悟和突破。所谓重点和难点其实就是老师上课反复强调和题目中经常犯错的地方。如果能集中精力把重点的内容理解透彻，熟练掌握，有助于你提高复习效率。如果你能抓住经常犯错的地方吸取教训，你就不会在考试时犯同样的错误，同样是效率很高的复习良策。无论是重点还是难点，在复习时强调领悟，明白其中的道理，而不仅仅是我作过多少个这样的题目。

第三，看错题集，温故而知新。将日常练习、考试中遇到的错题、典型题分门别类地收集在一起。期末复习中，一定要拿出一定的时间重新去温习，这样做，会比做几道题有更大的收获。温习错题集，除复习语言知识点外，还要重视某些试题的解题方法与技巧。只有这样，才能充分发挥错题集的作用。

将一学期的试卷与讲义整理、装订，在错题上做显眼的记号，有计划地看或做错题，这样可以避免以前所犯的错误，如果看过一次就能掌握的，将这题划去，看了两次以上还没有掌握的，要多请教与练习，直到错题基本掌握。

第四，针对考点，专项练习是巩固所学知识必不可少的重要途径。练习中，选题要精，在教师的指导下，从实际出发，进行各种形式、多层次的练习，练习要有步骤、有目的、有思考，切忌一味做题，陷入题海。

适当地做些期末模拟试题，但量不要太大，有一两套就可以了。应该多做那些自己认为知识点理解、应用薄弱的题，对一些难题可在自己思考的基础上加强与同学、老师的交流，对于那些偏题、怪题笑而弃之。

第五，分析自己平时得分的分布情况，也就是说对选择题、填充题、解答题前3题与解答题后几题、实验题、作文、听力等得分进行分析，针对自己的情况做好得分的精力分配。比如：平时选择题得分较高，解答题前3题得分较高，那么，复习时重点应放在填充与解答题后面的几题上。这样将精力放在硬骨头上，不要精力平均使。

第六，有可能自己出一份试卷考一下自己，这叫自查自救行动，通过自己出题，对知识点会有进一步的理解与巩固。另外，还可以进一步了解各知识点的出题题型方式与风格。

第七，会进行必要的变式练习。比如：选择变填充，填充变解答，多条件的解答题变为选择题，还要条件与结论互换、结论引申等，这样综合能力会有所提高。

第八，解题的基本方法与手段不要忘了，比如该画图的就得画图，该演算的就得演算，该写公式的就写公式等，遵守考试的一些常识。比如规范，在答题时，要坚决做到审题规范、解题规范、步骤规范、书写规范。比如检查，做完试卷，歇口气，检

查1~2遍。再比如答题顺序，遇到难题，先放一放，不要去钻牛角尖，考场上，对一道难题花太多时间是不值得的。相反，对基础题和基础分，一定要想办法把它拿下来。

第九，养成良好习惯和健康的心理状态，做到稳定发挥。稳定是正常地发挥出你的水平，是向前发展的稳定，正常的情况下人是循序发展的。此外，还有一个很重要的方面是必须拥有良好的心理状态。脑科学研究表明，人的大脑处于轻松的状态时，是智力发挥最佳的时候。如何保持轻松，关键是有充分的自信，自信能发挥出正常的水平（前提是给自己合适的定位）。自信的秘诀在于充分的计划和执著的努力，凡事预则立。

考试前要调节自己的情绪，不要紧张，不要把考试的得失情绪带进考场。心态平稳，劳逸结合，张弛有致。没关系，闭上眼睛，做5~10个深呼吸，然后对自己说，我能行的。

第十，答题时，字迹要清楚，不要潦草。做解答题、证明题、计算题时尽量做到每行只有一个式子或者一个推理句式，不要一句话连着一句话，直到结束，那样老师看不清，尤其对于那些按步给分的题会影响自己的得分。

九、整理错题集

每次考试之后，90多分的、50多分的、30多分的学生，这些得到不同分数的同学如何整理错题？扔掉的分数就不要了？这次30分，下次40分，这就是伟大的成绩。不要因为一次考试没有得到理想的分数，就对这次考试中存在的问题选择放弃或者逃避，同学们越是在遇到挫折的时候就越要振作。要知道，一次考试的失利并不可怕，可怕的是没有把学习上已经存在的问题解决掉，那么这个问题将一直成为同学们的死穴，如果以后的考试又出现同样类型的试题，同学们仍然不会做，那在考场上就会追悔莫及。所以，每次考试之后都要找到与自己所犯错误相似的类型题、同等程度的知识点重新练习一下，研究一下提高的办法。分科分类的做成错题集，这也会成为在以后考试复习前重要的复习资料。整理错题集是很多同学公认的好习惯。

教育专家建议：为降低错误的重复率，学生们应该编写错题集，把自己做作业、做卷子、做练习时做错的题和没有做出来的题都收录进去。

首先，要准备一个厚的大的笔记本，分为 5 个主要学科：语文、数学、外语、物理、化学。可根据自己的成绩事先预留出每科的页数。成绩好的科目可少留页数，反之，则多留一些。

在错题本里，我们先把做错的题目全部重新抄一遍，然后分析原因，是概念理解问题，还是思路问题、书写格式问题，或是粗心大意带来的问题，然后把正确的解题过程写上去。如有不同的解法也能做进去的话是更好的做法。这个过程我们叫"错误整理"。不仅要分析错误的原因和种类，而且在错题数量到了一定数目的时候，还要分析各种错误现象所占的比例。

错题集格式一般可以这样写：

×年×月×日

原题：……

错解：……

错误原因（种类）：……

正解：……

比如，数学题

×年×月×日

原题：若$|a|=-a$成立，求a的取值范围。

错解：当$|a|=-a$时，$a<0$

错误原因：概念不清

正解：$a\leq0$

阶段性复习时应该重做错题集。开始错题集里由于粗心、马虎造成的错题类型会占大多数。随着该项工作的深入，错题集的质量会越来越高，错误数量会越来越少，更多的是由于概念点和思路不清而引发的错误。这些题就是属于平常没有做对，考试又犯错的典型类型。如果平时就能够解决好，到最后考试的时候自然不容易再犯错。错误整理的关键是每题必录，一定不能半途而废。不管错题由于什么原因造成，都要被录，一道很复杂的题目，即使是由于最后得数加错了，或者忘了写单位等等小毛病，也应该不厌其烦地摘录下来。错就是错，是不分大小的。

学习习惯小测验

下列问题符合自己的就答"是",不符合的就答"否",难以决定的就答"不一定"。

1. 在固定的时间进行学习吗?

2. 有面对书桌就是没有兴趣而把时间浪费掉的时候吗?

3. 身边经常备有辞典、字典之类吗?

4. 学习时有下意识动作吗?

5. 在学习中有经常沉迷于空想的时候吗?

6. 做过快速读书的练习吗?

7. 学习结束之后,收拾书桌吗?

8. 学完后,背诵所学内容吗?

9. 有一边听广播或看电视一边学习的时候吗?

10. 发回的试卷,经常重看吗?

计分方法:

第1、3、6、7、8、10题,答"是"给2分,"不一定"给1分,"否"不给分;第2、4、5、9题,答"是"不给分,"不一定"给1分,"否"给2分。把每题所得分数相加,即是总分。

等级评定:总分3分以下非常差4~7分较差,8~12分一般,13~16分较好,17分以上非常好。

十、广泛阅读的习惯

什么是阅读？有的同学理解为看书，这样理解是片面的。看书只是完成了阅读的一部分，是阅读的一种形式而已。阅读是大脑接收外界视觉符号（文字、图表、图画、公式、数字等）信息并对其进行加工，以理解符号所代表的意义的过程。所以，阅读不仅仅是看，更重要的是理解并加以应用。

"读书启发心灵，就像运动有益健康"，英国哲学家培根说："读书足以使人怡情，使人博采，使人长才。"我国汉代思想家刘向也说过："书犹药也，善读之可以医愚。"阅读可以净化心灵，陶冶情操。课外阅读可以拓宽学生的知识，增长学生的见识，活跃学生的思维，培养学生的创新能力。苏霍姆林斯基在他的伟大

著作中还精辟地揭示出一个读书的真理：学生智力的发展取决于阅读能力。他认为，学习发生困难和形成差生的一个重要原因是一天到晚死啃教科书，"拼命使用他的记忆机器"。正因为"学生除了教科书以外什么都不阅读，那他就连教教科书也读不好"。

古今中外学者都把阅读看做是自己的挚爱。《聊斋志异》的作者蒲松龄就认为"书痴者文必工，艺痴者技必良"。意思是说，如果一个人对阅读达到了痴迷的程度，那么他的写作水平一定不同凡响。

但丁是意大利文艺复兴时期的伟大先驱。他一向把书看得如生命一样重要。有一次，他的妻子盖玛叫他去买药，但丁走到药店门口，一眼看见那里摆了个书摊，他立即被吸引了过去。他看到书摊上还摆着一本自己渴望已久要读的书，就无法抑制自己要看的强烈欲望，痴迷地读了起来。街道上车水马龙，熙熙攘攘，但他却一点也感觉不到，完全沉浸在书的海洋里。天色慢慢暗了下来，书摊主人该回家了，但丁才恋恋不舍地往家走去。一路上，他不停地思考回味着书中精彩的内容。回到家，兴奋地对妻子说："我今天看了一本非常好的书。"妻子对此不感兴趣，赶忙问他："你买的药呢?"但丁才忽然想起买药的事。他满脑子里都是书中的内容，早就把这事忘得一干二净了。

如何才能把阅读当作是自己的挚爱，喜欢上阅读呢? 首先你可以挑选自己最喜欢的书籍先读，逐渐养成良好的阅读习惯。低年级儿童可以从喜欢的图文并茂的注意读物开始，不仅喜欢读，还喜欢讲给别人听。中、高年级的可以多读名人传记及科普读

物，结合语文课的学习，阅读适合"口味"的文学作品。当你有了阅读兴趣之后，再把对最喜欢的书籍产生的兴趣作为"生长点"不断增强对阅读的热爱，扩展阅读面。

要把课内知识迁移到课外，吸收更多的营养，这对提高综合素质非常重要。例如在语文学习过程中，同学们可以结合课文所需的知识，有计划地阅读一些课外读物，在阅读过程中要按格式做读书笔记卡，写上读书时间、书名、作者，摘录好词、佳句、精彩片断，写出主要内容和读后感或收获等。这样，就可以通过课外阅读更好地理解课内学习的内容，同时也会潜移默化地提高自己的阅读写作能力。

使广泛阅读成为一种习惯。只有成为习惯，同学们才会经常地，自觉地去探求新知识，并始终保持对知识的兴趣和热爱。这对同学们的一生都会产生深远的影响。

小故事大智慧

几十年来，毛主席工作一直很忙，可他总是挤出时间，哪怕是分分秒秒，来看书学习。他的中南海故居，简直是书天书地，卧室的书架上，办公桌、茶几上，到处都是书，床上除一个人躺卧的位置外，也全部被书占领了。

认真地学，反复地读

毛主席从来反对那种只图快、不讲效果的读书方法。他在读韩昌黎诗文全集时，除少数篇章外，都一篇篇仔细琢磨、认真钻研，从词汇、句读、章节到全文意义，哪一方面也不放过。

通过反复诵读和吟咏，韩集的大部分诗文都能流利地背诵。《西游记》《红楼梦》《水浒》《三国演义》等小说，他从小学的时候就看过，到了 20 世纪 60 年代又重新看过。他看过的《红楼梦》的不同版本差不多有 10 种以上。

一些马列、哲学方面的书籍，毛主席反复读的遍数就更多了。《联共党史》及李达的《社会学大纲》，他各读了 10 遍。《共产党宣言》《资本论》《列宁选集》《斯大林选集》等等，他都反复研读过，许多章节段落还作了批注和勾画。

不动笔墨不看书

几十年来，毛主席每阅读一本书、一篇文章，都在重要的地方划上圈、杠、点等各种符号，在书眉和空白的地方写上许多批语。有的还把书、文中精当的章节和语句摘录下来或随时写下读书笔记或心得体会。毛主席所藏的书中，许多是朱墨纷呈，批语、圈点、勾画满书，直线、曲线、二直线、三直线、双圈、三圈、三角、又等符号皆有。

毛主席早年在湖南第一师范上学时，曾阅读批注了德国泡尔生著的《伦理学原理》。在 10 万余字的原著上，他用工整小楷写了 12100 多字的批注和提要。

毛主席动笔读书，还纠正原书中的错别字和改正原书中不妥当的标点符号。打开毛主席阅批过的书籍，可以看到他是怎样不厌其烦地将一个一个的错别字和明显点错的标点改正过来，又将漏字一个一个地添加上去。

无所不读

毛主席的读书兴趣很广泛，哲学、政治、经济、历史、文学、军事等社会科学以至一些自然科学书籍无所不读。

在毛主席阅读过的书籍中，历史方面的书籍是比较多的。中外各种历史书籍，特别是中国历代史书，毛主席都非常爱读，从二十四史、《资治通鉴》、历朝纪事本末，直到各种野史、稗史、历史演义等他都广泛涉猎。他历来提倡"古为今用"，非常重视历史经验。他在他的著作、讲话、报告以及谈话中，常常引用中外史书上的历史典故来生动地阐明深刻的道理，他也常常借助历史的经验和教训来指导和对待今天的革命事业。

毛主席对中国文学方面的书籍，也读得很多。《诗经》、《楚辞》、汉魏六朝的文章、唐、宋、元、明、清诗别载信、《昭明文选》、《唐诗三百首》、《唐宋名家词选》等书都是毛主席爱读的。外出时，常常把这些书带在身边。在70年代的一次会议上，谈到读《红楼梦》的时候，他深有感触他说："至少读五遍，才有发言权。"其实，有些小说，他何止读5遍呢！

毛主席也十分喜欢读鲁迅的著作。从20世纪50～60年代，毛主席一直把鲁迅的著作放在他的床边，随时翻阅。经济方面的著作，及各种自然科学书籍，毛主席读得也是很多的。他是一个真正博览群书的人。

十一、良好的记忆习惯

要提高自身的记忆力，养成良好的记忆习惯，我们首先应该了解有关记忆力的一些基础知识。记忆，是大脑的重要功能；记忆力，是人的智力活动的重要标志。一个人记忆力强，会为他的智力活动提供更多更好的"储备";反之，"巧妇难为无米之炊。"记忆是信息的摄入、编码、储存、提取的过程。从心理学角度说，记忆包含识记、保持、再认和重现等基本过程。识记分为识和记两个方面。先识后记，识中有记；所谓保持，是指已经识记过的材料，有条理地保存在大脑之中；再认，是指识记过的材料，再次出现在面前时，能够认识它；重现，是指在大脑中重新出现对识记材料的印象。这几个环节缺一不可。我们在培养记忆力时，一定要注意这些环节。

记忆，按其目的性和采取的方法，可以分为有意记忆和无意记忆。所谓有意记忆，就是具有自觉目的，通过意志努力，采取一定方法所进行的记忆。在学习过程中，大量的记忆都是有意记忆。有意记忆按其记忆方法不同，又分为机械记忆和意义记忆。机械记忆是在不理解材料意义或材料本身没有什么意义时的强记，主要方法靠反复复习。意义记忆是在首先理解材料意义的前提下进行的记忆，其方法是在理解材料含义和掌握逻辑关系基础上反复复习。在学习过程中，意义记忆为主，机械记忆为辅，二者都需要。而所谓无意记忆，就是没有自觉目的，没有进行意志努力，没有采取一定方法的记忆。这类记忆，在日常生活中很多，在学习过程中较少。

人的记忆能力是非常强的。据科学家研究，一个正常人脑的记忆容量相当于5亿本书的知识总量，一个人的一生能储存1000万亿个信息单位。这种能力，再好的计算机也比不过。同学们学

习需要记忆的东西，只是使用大脑仓库的极小一部分。记忆力是可以培养的。据史书记载，我国伟大的史学家司马迁小时候曾经记忆能力不强，念书时，背诵的作业总不能顺利完成。老师检查时，他往往丢三落四。当他认识到自己的缺点之后，加强训练，抓紧一切时间进行背诵练习。经过一段时间刻苦努力，终于成为记忆力较强的人，为他以后成为大学问家创造了条件。

我们在日常学习和生活中，该如何养成良好的记忆习惯呢？

首先，要有明确的记忆目标。记忆具有意识性、指向性。要想记住什么东西，目的必须十分明确。在学习中，要记忆一个单词、一个概念、一个定理、一个公式、一篇诗文，都要先给自己定个目的，以"必须记住"为目标来要求自己。不能记不记两可，记得住记不住没关系。无所谓的态度、应付差事的态度是不利于记忆的。

其次，要提高记忆的自信心。有的同学记忆之前，先有畏难情绪，担心记不住，对自己没有信心。这样，就在心理上产生了抵御记忆力的因素，造成精神不集中，总是记不住。人和人的脑力有差别，但并不大。同样的条件下，充满自信的人记忆快、记得多。因此，必须鼓励自己要自信，有了自信心，就会精神集中，头脑敏锐，记忆就快。经过一段时间，形成良性循环。

再次，注意理解、及时复习。理解了的东西比死记的更容易记住。除了必须死记的材料，如地名、人名、年代等之外，凡有具体含义的材料都应先理解再记忆。记忆之后要及时反复复习，最大限度减少遗忘。人的遗忘是有规律的，最初忘得快，随时间推移而减慢。因此，在记忆之后的前几天里反复复习是非常必要的。把记忆和时间联系起来，这里还含有注意的习惯。一分钟写多少字，读多少字，记多少字，时间明确的时候，注意力一定好。在同学们的智力中，注意力是最关键的。一定要把学习任务和时间联系起来，通过一分钟注意、记忆来培养学习习惯。

第四，把握记忆的节奏。节奏是指音乐中交替出现的有规律的强弱长短的现象，又比喻均匀的有规律的工作进程。我们的生理和心理是有节奏的，所以记忆也要有节奏。人的记性挺有意思，开头和结尾容易记住，中间的容易含糊；整齐的容易记住，杂乱的容易含糊；分节的容易记住，连续的容易含糊；睡前醒后容易记住，其他时间容易含糊。所以，要多开头，多结尾。一篇长文章，把它分成几个部分，一部分一部分地记，就容易了；政治和历史的要点，把它分类编出个一、二、三、四，记起来就省力了；复杂的东西分节记，也会好记一些；难记的东西晚上临睡前在脑子里过一过，早上醒来时再过一过，肯定比白天记两三遍要清楚。

最后，提高右脑活力。人的左右脑功能不一样，记忆需要左右脑协调配合。现在同学们的学习，使用左脑比较多，右脑用得比较少，为了提高右脑的活力，可以做单侧体操，有意识增加左手、左腿、左脚的运动机会，刺激右脑，使之得到锻炼。

下面，我们介绍几种运用奇特形象强化记忆的方法供同学们

参考。

1．谐音法

所谓谐音法，就是通过相同或相似的声韵之间的变换，使它成为你所要记忆的一种形象的记忆方法。

比如，某个油漆厂有这样一部电话，它的号码是672313，外单位新上任的一个采购员，为了要记住这无规律的6位数字，灵机一动，想出了这样一句话："绿漆亮，闪一闪。"很容易地记住了这电话号码。他所运用的就是谐音法。

从前有一群小和尚，为了不忘掉师父要他们记住的圆周率数字，于是，他们几个人围在一起，凑出了这样一句话："山顶上有一寺一壶酒……（3．14159……）"很方便地记住了枯燥乏味的这些数。

如果把某人的姓名变成形象的"诨名"，我们便能很容易记住。虽然这有欠礼貌，但它确实管用。比如，某人叫陆富兆，用谐音一变，便成了"老虎灶"。

马克思诞辰是1818年5月5日。

可以这样记：马克思一巴掌一巴掌（1818），打得资本家呜呜（5月5日）地哭。

巴尔扎克的生卒年月是1799～1850年。

可以这样记：巴尔扎克要骑舅舅（1799），要扒屋顶（1850）。

印度洋的面积约7496万平方千米。

可以记为：旗子旧了（7496）。

有人会提出，学习上采用这种离奇的方法，不是要打破常规的思维方法吗？是的，在一定范围内要这样做。用这样的方法要离要奇，不离不奇，就不容易记忆。

2. 串联法

也许你还记得那种以电影片名连接而成的相声节目。甲：你到过《芙蓉镇》吗？乙：不仅到过，而且还到《芙蓉镇》的《野山》上，看到《良家妇女》在《雷场相思树》下，炮制《黑炮事件》。这些妙趣横生的节目，是怎么编辑的呢？这是运用串联法的结果。

所谓串联法就是把各个相互独立的词与句子用奇特形象联系串联成一个完整的故事的形象记忆方法。下面我们来试一试用串联法记忆一组词：

香烟　木料　热水瓶　日光灯　大炮　书本　瓶子　电风扇
　鸡蛋　收音机

如果我们不打乱次序，过目 30 秒要求达到长久的记忆是很困难的，而运用串联法，我们可以这样记：

香烟点燃了一堆木料，木料上压了一只大得出奇的热水瓶，而这只热水瓶的塞子很奇特，竟是用日光灯做的，不知谁用日光灯做大炮的炮管，朝炮管看去里面发出一本书来。书本在天上飞舞了一阵便掉进了一只有井口大的瓶子里。瓶子能罩进一个大电风扇，电风扇吹出了一只只鸡蛋，鸡蛋打碎在收音机上。

闭目想一遍，你会很快就能记住。如果你不复习，第二天再

想一想，你会意外地发现用串联法记忆事物真灵验。

3．固位法

说起演讲，大家会想到古希腊的许多雄辩家。古时候没有纸张，几万字的长篇大论怎么记住呢？古希腊的西摩尼地斯，有一个用"场所"记忆的办法。其做法是把谈论的要点与演讲大厅的各个部分用联想串联的办法连接起来。比如，把演说头一个要点联想为正门，第二个要点是客厅，第三个要点是讲台等等。在演说时，沿着演讲厅内的物体按顺序想下去，就能把演说要点记忆起来。日本高木重朗在《记忆术》一书中称之为定位法。其实也就是我们所说的固位法。固位法就是利用一个或几个你所熟悉的场所的物体的排列顺序去记某些事物的记忆方法。比如，你把家里的摆设编上顺序：门—1号，窗—2号，写字台—3号，椅子—4号，电视机—5号，五斗橱—6号，大橱—7号，衣架—8号……然后你就可记东西了。例如记忆下面8件事情：

飞机　香烟　计算机　接线板　太阳　瓶子　电扇　书包

分别用奇特串联的方法把前边已编好号码的事物同这8件事联系起来。

（1）飞机与门：想象入口的门被巨型飞机撞击而着火。

（2）香烟与窗：想象窗上的栅栏都是很长的香烟做的。

（3）计算机与写字台：想象写字台的台面就是计算机按钮拼凑成的。

（4）接线板与椅子：想象理发店里的椅子连带着接线板。

（5）太阳与电视机：想象太阳下的电视机晒久爆裂了。

（6）瓶子与五斗橱：想象五斗橱上整齐地放满了一排排瓶子。

（7）电扇与大橱：想象电扇风力太大，竟把大橱吹起来了。

（8）书包与衣架：想象整个落地衣架都装进了一个又长又大的书包里。

这样不用多时就能把8件东西记住。要使用好固位法，必须完成这几个步骤：

（1）找到若干个固位体（如：上学路上的事物；学校建筑物的排列；人身上的各个器官等等)。

（2）把各个固位体内的事物，按一定的方向编一下序号。

（3）熟记固位体内的各事物的序号。

（4）与记忆内容一一奇特联想串联。

其中在记忆时要好好观察所要记忆的事物。不好好观察就不能清楚地浮现形象，还会使得串联联想不利。

据说有人研究过：人获取的外界信息中，83%来自视觉，11%来自听觉，3%～5%来自嗅觉，1%～5%来自触觉，1%来自味觉，显然增加视觉、听觉信息量是多获取信息最可取的方法。获取信息的渠道和记忆有什么关系呢？又有人研究了，结论是：人从视觉获得的知识，能够记住25%，从听觉获得的知识能够记住15%，若把视觉与听觉结合起来，能够记住65%。宋代学者朱熹说，读书要三到："谓心到、眼到、口到。心不在此，则眼不看仔细，心眼既不专一，却只漫浪诵读，决不能记，记亦不能久也。三到之中，心到最急，心既到矣，眼、口岂不到乎。"

小故事大智慧

有一次老爸叫我："小明，给我描述一下苹果是什么样的。""那不就是圆圆溜溜、青里透红、香气扑鼻、又甜又酸的那个水果吗？咋儿的了？""那你又是咋儿吃的呢？""拿起来'咔嚓'就是一口啊"。我心里说，"这还不简单"。

爸爸说："知道吗？你描述了一个知觉形象和对这个形象的认知过程。圆圆溜溜、青里透红，是视觉和触觉，香气扑鼻是嗅觉，又甜又酸是味觉，所有这些感觉集合在一起，就是知觉形象了。"

"有点儿意思！"我琢磨。

老爸接着说："你注意了吗？这些感觉几乎是在同一时间内完成的，也就是说知觉形象几乎是一下子就形成的。因为你决不会先把苹果远远地放在一边，只用眼睛去看。然后闭上眼睛去摸，再把苹果放在桌子上，闭着眼去用鼻子闻，然后再去咬它。""那不是有病吗？"我心里想。"所以，你一开始就同时调动了多种感官，直接形成了比较全面的知觉形象。而且，你给我描述的时候，苹果其实并不在眼前，你是凭印象说的。这种印象叫表象，它是知觉形象在头脑中的再现。这种印象就是记忆。"

所以，好的记忆习惯就是要习惯同时调动多个感官。上课听讲，眼睛盯着黑板，重点公式一个都不能少；耳朵跟着老师，难点点评哪个都不能放；手上也不能闲着，该动就得动。背诵课文也是一样，首先要大声念出来，达到眼、耳、口共同记忆的效果。回家复习，就是要坚持"不动笔墨不读书"。"动笔墨"，就是要记笔记、提炼要点、推导演算，甚至摘抄点评。

十二、创造性思维能力

国王为了挑选继承人，给两个儿子出了个难题："给你们两匹马，白马给老大，黄马给老二，你们骑马到清泉边去饮水，谁的马走得慢，谁就是赢家。"

老大想用"拖"的办法取胜，而老二则抢过老大的白马飞驰而去。结果，弟弟胜了，因为他骑的是老大的马，自己的马自然就落到了后面。

当哥哥失利了之后，心中不服说："弟弟取巧就算了，还使用蛮力，属于犯规。"国王说："我没有设立什么规矩啊。"

哥哥还是不服，说如能再比一次，不准用抢的，弟弟如还能赢就甘愿认输。

国王看看弟弟，弟弟表示可以再比一次。

于是哥哥和弟弟又准备开始比了，这回还是比赛马，谁的走得慢谁赢。这次让这哥俩到马棚里自己挑马。结果哥哥率先跑进马棚，挑了一只最差病歪歪的蹩脚马，弟弟却不紧不慢随便找了一只马。

这回哥哥心里暗暗冷笑："小样，看你这回怎么赢我。"

比赛开始了，一声号令，只见一匹马好似离弦之箭，瞬间到达河边，大伙定睛一看，原来是老大骑着这个蹩脚马，而老二在后面晃晃悠悠，原来号令一响，老二在老大的马屁股上戳了一剑。

结果还是弟弟赢。

由骑马思维引发的创造性思维告诉我们，善于思考的人总能找到创新的方法，打破常规，出奇制胜，而不善于思考的人总是活在自己的思维定式里，输在故步自封，迈不出自己的天地。定势思维习惯即常规思维在处理日常学习、生活问题上是很有益的，但是倘若我们满足于这样的思维定式，而不进行逆向的、非常规的思维，那么我们的社会将会停滞不前了，科学与文化艺术也永不会再有新的进步了。可见为类是具备而且必须具备创造性思维能力的，对我们每一个人来说要想在学习工作中取得成绩，就应当有意识地培养和发现自己的创造性思维。

那么，什么是创造性思维呢？所谓创造性思维就是指发散性思维，这种思维方式，遇到问题时，能从多角度、多侧面、多层次、多结构去思考，去寻找答案。它不受已有知识的限制，而是力求打破常规，寻求新的角度，解决更多的问题。它的思维是全新的，具有批判性、广阔性、独特性、敏捷性、灵活性等特点。创造性思维能力是人的智力高度发展的表现，是创新能力的内核，是实现未来发展的关键。中小学生应该随时注意运用如下步骤培养创造性思维能力：

首先，培养强烈的求知欲。古希腊哲学家柏拉图和亚里

士多德都说过，哲学的起源乃是人类对自然界和人类自己所有存在的惊奇。他们认为：积极的创造性思维，往往是在人们感到"惊奇"时，在情感上燃烧起来对这个问题追根究底的强烈的探索兴趣时开始的。因此要激发自己创造性学习的欲望，就必须使自己具有强烈的求知欲。而人的欲求感总是在需要的基础上产生的。没有精神上的需要，就没有求知欲。要有意识地为自己出难题，或者去"啃"前人遗留下的不解之谜，激发自己的求知欲。

其次，发展直觉思维能力，直觉可以说是一种突如其来的，甚至毫无逻辑性的领悟与理解力。要发展直觉思维，必须在学习中敢于提出问题敢于发表大胆的猜想。要在观察与思索问题的过程中，及时捕捉那些一闪念间出现的新想法和新观念。

再次，培养思维的流畅性、灵活性和独创性。流畅性、灵活性、独创性是创造力的 3 个因素。流畅性是针对刺激能很流畅地作出反应的能力。灵活性是指随机应变的能力。独创性是指对刺激作出不寻常的反应，具有新奇的成分。这三性是建筑在广泛的知识的基础之上的。20 世纪 60 年代，美国心理学家曾采用所谓急骤的联想或暴风雨式的联想方法启发大学生们思维的流畅性。在训练中，要求学生迅速抛出一些观念，不容迟疑，也不要考虑考试质量高低，评价在训练结束后进行。速度愈快表示愈流畅，讲得越多表示流畅性越高。这种自由联想与迅速反应的训练，对于思维，无论是质量，还是流畅性，都有很大的帮助。

最后，随时记录，建立思维库。随时记下你的奇思妙想与崭新观念，形成一个思维库，可以是一个文件夹，鞋盒，或者书桌抽屉。这种有意识无意识的想法会在你认真进行某项设计时，发挥出意想不到的作用。这也不失为培养创造性思维的好方法。

小故事大智慧

一位父亲用一道并不新鲜的智力游戏题考自己的儿子："一个桌子四个角，砍去一个，还有几个？"

"三个。"儿子不假思索地回答。当然，这样的回答正在父亲的意料之中。于是，父亲呵呵笑："真的吗？不对，应该是五个。"

儿子无法接受这样的答案，坚持着他的数学原理："四减一就是等于三。"

父亲显然早有准备，他拿出一张正方形的纸片，用剪刀剪去一角，对儿子说："假设这就是一张桌子，现在去了一角，你数数还有几个角？"

儿子当然也不笨，他马上就明白过来父亲的智力游戏，也笑了起来："对，这样是五个，可是我干吗这样剪？"

说着，他接过父亲手里的剪刀和"桌子"，沿着"桌子"的对角线剪了下去，然后扬起手中的三角形，得意地问道："这样，不就是三个角了吗？"

父亲哑口无言，一时间有些尴尬，但是随即父亲作出一副胸有成竹的样子，对儿子说："不错，想想看，还有没有其他可能性？"

儿子歪头在纸片上比划着，然后说："也可能剩下四个角。"只见他拿起剪刀，沿着"桌面"一边除了两个端点以外的任何部分向另外两个端点的其中一个剪下，依然得到了一个四个角的"桌面"。

很多时候，我们习惯按照常规思维模式去回答问题和寻找答案，习惯往往成为束缚我们的力量，其实思考和实践才是我们发现答案的唯一方法。只有多方位思考，勇于实践，我们才能够发现更多的可能性，也才能够跳出习惯性思维的窠臼。

第四章　学生应自觉养成良好的学习习惯

　　同学们应该自觉地培养好习惯，克服坏习惯，让好习惯伴随终生，让坏习惯尽快远离我们的学习。那么，究竟怎样做才能养成良好的学习习惯呢？我们可以按照以下几个步骤进行。

一、循序渐进，实现理想目标

　　学习好习惯的养成总体上有 2 种途径：一是通过恒心来培养兴趣；另一种是通过兴趣来培养恒心。这两种途径没有好与坏之分，但都需要通过一定的强制性和学习目标的实现来强化其行为习惯，特别是目标的实现有利于恒心和兴趣的培养和巩固。

　　良好的学习习惯包含很多方面，它的养成绝不是一朝一夕的事。会开车的人都有这样的体验，天气冷时，车打着火后要过一会儿才能快速行驶，一打着火就快速行驶反而会灭火的。一个人培养习惯也是如此，要循序渐进。如果一个人好高骛远，一开始

89

就给自己定一个很大的不可能完成的目标，那他在行动时会发现，自己无论怎么努力，依然离自己定的目标很远。这会使他产生挫败感，从而打击他的自信心，对形成良好的习惯有百害而无一利。所以，同学们首先要给自己树立一个通过自己八九成的努力就能实现的目标，这个目标可以成为理想目标。

朝着理想目标动起来。一次行动的价值要超过100句口号，1000次决心。这里需要说明一个问题，为什么树立的目标是需要通过八九成的努力实现的，而不是十成或者六七成呢？因为我们每个人都像一个弹簧，如果总给自己树立需要十成努力才能完成的目标，那整个人就会一直处于弹簧绷紧的状态，会使人产生疲惫感；而如果定一个只需六七成努力就能完成的目标，会缺乏挑战性，完成目标时就不会有太大的成就感，会觉得"太容易就做到了"。也就对自己起不到太大的激励作用。一个学生，在前进的道路上，如果能说到做到，每次都能实现给自己定的理想目标，便很了不起。久而久之，便习惯成自然了。反之，如果总给自己定这样的计划，那样的目标，可从来不为之付诸行动，或者三天打鱼，两天晒网，坚持不下去，那就根本不可能养成良好的学习习惯。

俗话说："有志者，立长志；无志者，常立志。"为何常立志？原因是：很想好好做，就是做不好，或者根本就什么都不做。因此，要养成良好的学习习惯，第一步就要说到做到，坚定不移。计划每天要记10个英语单词，就一天不落地去记；认识到写字潦草、做题马虎这些毛病，就在写字、做题时严加注意，确保字字工整，题题

复查；意识到了不良学习习惯的危害，就自动自觉地克服；制定了学习计划，就定时定量地去完成；决心使自己的学习成绩在全班、全校的位次前移，就要千方百计地挖掘自己学习的潜能。

从小事做起，持之以恒。《老子·道德经》中有这样一句话："合抱之木，生于毫末；九层之台，起于垒土；千里之行，始于足下。"在提倡素质教育的今天，同学们要养成良好的学习习惯，必须从小事做起。在学习中有许多细节，如：书写要规范工整，课前要把下节课要用的书本准备好，课上要边听边做笔记……同学们必须从一点一滴的小事做起，把这些细节养成良好的学习习惯。良好的学习习惯的养成有一个过程，需要不断强化，持之以恒地渗透，久而久之，习惯成自然了。

小故事大智慧

有两个爱画画的孩子。

第一个孩子的妈妈给儿子一叠纸、一捆笔，还有一面墙。她告诉孩子："你的每一张画都要贴在墙上，给所有来我们家的客人看。"

第二个孩子的妈妈给儿子一叠纸、一捆笔，还有一个纸篓。她告诉孩子："你的每一张画都要扔在这个纸篓里，无论你对它满意还是不满意。"

3年后，第一个孩子举办了画展：一墙的画，色彩鲜亮，构图完整，人人赞赏；第二个孩子没法展览：一纸篓画，满了就倒掉，所有的人都只看到他手头尚未画完的那一张。

30年后人们对第一个孩子一墙一墙展览的画已不感兴趣，第二个孩子的画却横空出世，震惊了画坛。

人们把第一个孩子贴在墙上的画揭下来，扔进了纸篓，又将第二个孩子扔在纸篓里的画拾出来，贴在墙上。

第一个孩子很快成名了，但却仅仅小有名气而已；第二个孩子没有很快成名，好像前3年功夫白费了。

第一个孩子很快成器了，但却没成大器；第二个孩子没有很快成器，好像头3个年头虚度了光阴似的。但第二个孩子不鸣则已，一鸣惊人；不成器则已，一成就成大器。

等第二个孩子大出风头，大红大紫时，人们早已对很小就小有名气的第一个孩子从记忆中淡忘了。

欲速则不达，心急吃不了热豆腐，说起来容易做起来难。

一口想吃个胖子，一锹想挖个深井，性急喝不了热锅粥，想一想是可以的，说一说也是可以的，但是要把它变为现实，无异于墙上挂门帘——没门。

二、克制自己，培养自制力

中小学生正处在自我约束力不是很强的年龄段，再加上受周围环境因素的影响，很容易使自己偏离正确的轨道。比如，一个小学生，已经认识到打游戏机的副作用了，不想再打游戏机了，可是，一走进游戏厅就忘乎所以，就把握不住自己了。在心理学上，青少年对于诱惑的不能自控被称为不健康的迷恋行为，如青少年过分爱好和难以舍弃游戏机、互联网、歌舞厅和消极的影视音像制品等事物的行为。

中小学生不健康的迷恋主要是因为自制力不强造成的。一个人要做成大事，就要有稳定的情绪和成熟的心态。缺乏对自己思维和行为的控制，就会阻碍自己的发展。自制是一个人一生中最难得的美德。自制的人能够有效地控制自身，把握好自我发展的主动权，驾驭自我，能够避免一些不必要的麻烦，从而使成功成为必然。对于中小学生来说，养成良好的学习习惯同样离不开自制力。针对青少年的具体情况，我们介绍几种培养自制力的方法，供同学们借鉴实行：

1. 控制目标

青少年应该为自己的人生设定一个明确具体的目标，并在做出任何决定前想一想是否利于目标的实现，如果不利，那么就要坚决避免这种行为。

目标的树立有利于青少年集中精力和注意力在目标上，避免诱惑的误导。

2. 控制时间

不论是学习、娱乐还是休息，都要控制好时间，既不要玩的时间过长，也不要学习时间太久。制订一份合理的时间分配表，并严格地遵守这一计划。

3. 控制接触对象

对于青少年来说，最有影响力的不再是老师和父母，而是自己的同学和朋友。正因如此，青少年要对自己的接触对象进行客观地评价和筛选，选择那些好的、能对自己产生正面的、积极的影响的人，而对那些消极、负面、行为无原则、无是非观念的人，则要尽可能地远离，这样可以避免不良朋友的教唆而被诱惑所控制。

4. 控制空间

在空间上，尽量把自己安排在安静的有利于学习的场所，最好经常和学习成绩好的同学一起学习，使他的学习态度在潜移默化中影响到你。严格控制自己的活动范围，歌厅、舞厅、游戏厅、录像厅、台球室等游乐场所，无论自己多么好奇，无论别人怎么引诱，也不要去。

5. 稍有偏离，及时调整

中小学生多数自制力比较差，在好习惯形成过程中，或者在坏习惯克服过程中，容易出现反复、拖拉、敷衍、放任等现象，容易出现跟着感觉走的情况。这就需要学生自己要学会认识自己、严格约束自己。认识不良习惯的危害性，严格监督自己，发现偶有偏离，立即作出调整。比如，发现自己的字写得不规整了，发现上课时自己精神溜号了，发现自己没有执行或没有完成学习计划了，发现自己躺着看书、看电视了，发现自己走路或骑自行车时思考问题了……就要马上提醒自己立刻作出调整。

培养良好的学习习惯，就像走路一样，发现走的路线不对，及时调整到对的轨道上去，久而久之，一条小路便踩出来了。又像小树一样，发现偏枝太多，就要马上砍掉，最终才会长成一棵笔直的参天大树。

"我要回家了，时间已经很晚了。"喜珍从座位上站起来，对大家说。"这么早就要回去啦？现在正是好玩的时候，不是吗？"回家晚了，妈妈一定会责备自己，喜珍虽然知道，还是很晚才回家。

"都几点了？竟然现在才回家！""你最近究竟跟谁在一起玩啊？打算什么时候学习啊？还有，为什么不去辅导班？说说理由看吧！"妈妈不停地责备着她。奶奶和喜珍住在一个房间里，看到喜珍难过的表情就问她："睡不着吧？有什么烦恼吗？"于是喜珍道出详情，"朋友当然很重要，但是如果让自己的生活一团糟，即使朋友再多也于事无补。自私到对自己的朋友漠不关心的人，根本不是朋友！"听完奶奶的话，喜珍觉得很有道理。

第二天一下课，景兰把所有同学都叫了出来。"今天去珠喜家玩吧？"说着，便带领同学们准备出发。"我不去了！"喜珍大胆地拒绝了景兰的邀请。"为什么不去呢？""辅导班我已经缺席了好几次，所以今天一定要去，而且我也不想再被妈妈责备。""你不想把时间浪费在朋友身上，是吧？""如果我们是真正的好朋友，应该多鼓励对方朝正确的方向努力前进。这样一直玩下去是不会有任何进步的。""换句话说，你根本不屑和我们这种一天到晚只会玩儿的朋友在一起！我们先走吧！"

第二天，喜珍竟然被分配到跟景兰同一组打扫，于是她朝景兰走去。"景兰！要不要到我们家一起学习啊？"听到这句话，景兰什么话都没说就走开了。"大家一起学习不是更有意义吗？仔细想想看吧，我们既可以一起学习，也可以一起玩啊！"喜珍自己也很惊讶，不知自己从哪里来的勇气说出这番话。但景兰还是一副冷

酷的表情。那天晚上，好朋友珠喜打电话给喜珍。"什么事？"喜珍问道。"没什么啦，只是忽然想到你家一起学习，而且其他同学也跟我有同样的想法，如果大家能一起学习，会比只顾着玩更好！""景兰也这么想吗？""不知道。不久之后就会理解你的想法吧。明天可以带一些同学到你家去吗？""当然！"喜珍把听筒放下来后，兴奋得整个人都快飘起来了。"明天约了一些朋友到家里来一起学习，可以吧妈妈？""当然可以啊！只要别只顾着玩就行了。你们班是不是有个叫景兰的女同学呀？""是啊！您怎么知道？""听说她的母亲在一年前就去世了，明天就是她母亲的忌日。她原本是一个很乖的孩子，自从妈妈去世之后，那孩子就变了，你要多关心她，知道了吗？""好！"

　　第二天吃完午餐后，景兰独自一人走了出去，半句话都没有说，只是看着从口袋里拿出来的一张照片。喜珍趁机小心翼翼地靠了过去。"景兰，你今天想不想去我家呢？""为什么要去你家？""大家都约好要到我家学习啊！""什么？把我甩到一边，你们自己去玩是吧？"景兰生气地说。"你越来越……其实我能体会你的心情。""什么？""你一天到晚只顾着玩，是为了忘掉母亲。"景兰没有回答。"你以为那样就可以让你妈妈活过来吗？这样玩下去，在天上的妈妈看到，一定会伤心的。""你根本不懂！像你这种人，什么都不懂！"景兰含着眼泪大声喊道，然后跑进教室，哭了整整一个下午。

　　一放学，其他同学则往喜珍家走。喜珍心里一直担心着景兰，却万万没想到，景兰就站在喜珍家门口。"景兰！"喜珍高兴地跑过去。"我也可以跟你们一起学习吗？""当然！当然可以！"喜珍搂着景兰的肩膀，脸上绽放出灿烂的笑容。

中小学生学习习惯的养成

三、树立榜样，模仿中养成习惯

我们经常在说这样的一句话，叫"榜样的力量是无穷的"，什么叫榜样呢？"被效仿的人或者事"称为榜样。学生在养成良好的学习习惯过程中，谁又能成为模仿的榜样呢？父母固然是孩子最有影响的榜样，但除父母以外，师长、亲朋、同胞、配偶、名人以及文学虚构中的人物都是对人有着重要影响的榜样。对于成长中的孩子来说，除父母以外，教师和同辈的榜样特别重要，因为教师和同胞与孩子经常生活在一起。

教师具有示范性的特点，教师的表率作用对学生有着特殊的影响。"其身正，不令而行，其身不正，虽令不从。"教师以身作则，对于孩子来说就是无声的引导。例如我们最容易忽视的写字的习惯，我们老师在平时的课堂板书，批改作业，都应该注

雷锋头像

意书写的姿势、握笔姿势。安排好字的结构，注意字的笔顺，展示给学生的应该是一个个端端正正的汉字。学生都具有很强的"向师性"和模仿性心理特征，教师的一举一动，一言

一行，都可能成为学生模仿的对象。个别辅导时，放下老师的架子，走到学生中去，握着学生的手写一写，让学生看着老师写一写，无形之中老师把自己变成了一面镜子。不但可以注意自身的写字姿势，提高写字水平，养成良好的写字习惯，对于学生来说更使他们看到了一个活生生的写字"标本"，使学生潜移默化地受到了教育。

除了教师的榜样示范作用外，学生最容易受同辈的影响。学生中经常会涌现出许多先进人物和好人好事，这时老师要注意引导学生向他们学习，会收到极好的效果。因为同学之间由于年龄、性格、经历上的接近与相似，就更容易引起相互接受与模仿。教育心理学中指出有 4 种同辈人最易被模仿。一是学习好的同学，二是运动场中有较高技能的同学，三是被教师表扬的同学，四是小团体中公认的首领。所以，学生要经常注意发现和了解班级出现的好人好事。我们可以以身边那些持之以恒、勤奋好学、刻苦钻研的同学为榜样，通过向他们学习来使自己养成良好的学习习惯。

小故事大智慧

1959 年 12 月初，新一年的征兵工作已经开始，雷锋迫切地要求参加中国人民解放军，但鉴于焦化厂的征兵名额有限，且雷锋在工地的表现十分突出，领导也舍不得放他走，就不同意他报名。这可急坏了雷锋，他跑了几十里路，来到辽阳市人民武装部

向余政委讲起自己的经历，表明他参军的志愿和决心。

武装部的余政委和工程兵派来的接兵的领导专门研究了雷锋的入伍问题，认为他是苦孩子出身，经过实际工作的锻炼，政治素质好，入伍动机明确，虽然身高1.54米，体重不足55公斤，身体条件差些，但他在农场开过拖拉机，在工厂开过推土机，多次被评为社会主义建设积极分子和先进工作者。相信他入伍会成长得更快。最后决定批准雷锋入伍。

1960年1月8日，雷锋领到了入伍通知书。雷锋所在团是有着光荣战争历史的部队，他决心以实际行动发扬优良传统，开饭时，他主动给大伙读报，宣传党的政策；休息时，他教大家唱歌。雷锋在这个大家庭里感受到无比的温暖，由于他身小臂力弱，开始练投手榴弹时不合格，他天不亮就悄悄地出去练习，十几天后，他终于和其他同志一样，在实弹学习中得到了优秀。

雷锋性格开朗，平时很活跃，教唱歌，办墙报，说快板样样都行，上级领导安排他参加战士演出队，他就起早贪黑地背台词，后来考虑到雷锋的湖南口音与大家的普通话不协调，影响演出效果，他就主动提出换下自己，而集中精力为演出做好后勤工作，大家虽没有看到雷锋的表演，但台上的每一个节目都包含着雷锋的辛勤劳动，和他那处处关心集体，一切服从工作需要的精神。

雷锋回到运输连后，便投入到紧张的学习驾驶技术之中去，针对缺少教练车的现状，他带领大家做了一个汽车驾驶台。雷锋废寝忘食地学习技术，被大家一致推举为技术学习小组长。5月份，雷锋成为一名合格的驾驶员，被分到2排4班，分给一台13号车雷锋上了建设工地。

施工任务中，他整天驾驶汽车东奔西跑，很难抽出时间学习，雷锋就把书装在挎包里，随身带在身边，只要车一停，没有其他工作，就坐在驾驶室里看书。他在日记中写下这样一段话："有些人说工作忙，没时间学习，我认为问题不在工作忙，而在于你愿不愿意学习，会不会挤时间。要学习的时间是有的，问题是我们善不善于挤，愿不愿意钻。一块好好的木板，上面一个眼也没有，但钉子为什么能钉进去呢？这就是靠压力硬挤进去的。由此看来，钉子有2个长处：一个是挤劲，一个是钻劲。我们在学习上也要提倡这种'钉子'精神，善于挤和钻。"

四、渐入佳境，开始惯性飞行

按照良好学习习惯的要求去努力，先是慢慢启动，继而逐渐加速，在行进中不断调整，最后进入轨道。这就像卫星一样，一旦进入轨道，就再也不会走走停停了，就会沿着轨道不停地飞行。进入轨道以后，你就仿佛进入了自由王国，你再不必着意约束自己，而是顺其自然，你是在做惯性运动。每个人都曾经有过这样的体会，如果某一天，自己的精神饱满而且情绪高涨，那样在学习一样东西时就会感到很轻松，学的也很快，其实，这正是我们的学习效率高的时候。因此，保持自我情绪的良好是十分重要的。

为了进入这种佳境，我们需要注意两件事：一是要消除外部干扰，二是要排除内部故障。外部干扰主要是那些可能使你偏离甚至

脱离轨道的引力，内部故障主要是受挫折时情绪不佳而放纵自己。

对付外部干扰有一种有效的办法，就是改变环境，转移注意力。当你的生活圈内有人向你施加不良引力时，例如有的同学拉你去网吧玩游戏。你可以寻找理由暂时跳出这个圈子，消除不良引力，努力去做自己应该做的事情。排除内部故障的有效途径也是转移注意力。当你的内部发生故障时，如在学习上受到挫折，产生忧郁、悔恨、愤懑、迷恋、惋惜、忧伤等情绪波动时，你可以通过做具体的事情来转移注意力，例如可以唱唱歌，或找个知心朋友把心里的痛苦都说出来，从而使自己尽快恢复到良好的状态。也可以通过自我暗示的方法来调理自己的情绪。比如，在遭遇挫折时，要安慰自己"要看到希望，要鼓起勇气。"在遇到困难时要鼓励自己"相信你一定能行，坚持下去！"

当受到挫折时，可以看看下面这些名人的事迹：

罗丹的父亲曾怨叹自己有个白痴儿子，在众人眼中，他曾是个前途无"亮"的学生，艺术学院考了3次还考不进去。他的叔叔曾绝望地说："孺子不可教也。"

《战争与和平》的作者托尔斯泰大学时因成绩太差而被退学，老师认为他既没读书的头脑，又缺乏学习意愿。

丘吉尔小学六年级曾遭留级，而他的前半生也充满失败与挫折，直到62岁他才当上英国首相，以"老人"的姿态开始有一番作为。

理查·巴哈当年找过18家出版商发行他的万字励志小说

《天地一沙鸥》，但全都被打回票，最后麦克米兰公司才在 1970 年出版这本书。1975 年，美国一地的销售量就已超过 700 万本。

伍迪·艾伦，获奥斯卡金像奖的作家、制作人以及导演，在纽约大学与纽约市立学院的电影制作科目不及格，他在纽约大学的英文也同样不及格。

丘吉尔被英国人称为"快乐的首相"

李昂·尤里斯——畅销书《出埃及记》的作者，高中时英文补考 3 次。

1944 年，爱默林·史奈利，蓝书模特儿经纪公司的董事，跟满怀希望想从事模特儿工作的诺玛·珍·贝克（玛莉莲·梦露）说："你最好改学秘书工作或干脆结婚算了。"

迈克·福布斯，后来成为世界上最成功的商业发行刊物之一——《福布斯》杂志的总编辑，然而他在普林斯顿大学读书时，却与学校报刊的编辑成员无缘。

1954 年，吉米·丹尼是大欧勒·欧普利公司的经理，他在一次演出后，开除艾维斯·普雷斯利（猫王）。他告诉普雷斯利："小子，你哪儿都去不成……你应该回去开卡车。"艾维斯·普雷斯利后来成为美国最受欢迎的歌星。

托马斯·爱迪生试验了超过 2000 次以上才发明灯泡时，有

一位年轻记者问他失败了这么多次的感想，他说："我从未失败过一次。我发明了灯泡，而那整个发明过程刚好有 2000 个步骤。"

爱迪生

由于多年以来持续地丧失听力，德国作曲家鲁德维克·范·贝多芬在 46 岁时完全成为聋子。不过，他却在晚年谱写了他作品中最好的乐章，其中包括 5 首交响乐。

这些名人正是凭着坚定的信念、坚强的毅力、坚持的态度把每一次失败当作踏上成功的阶梯，才最终在各自的领域取得了骄人的成绩。当我们遇到一些小挫折的时候，看看他们的事迹，与他们受到的挫折相比，我们暂时的不顺又算什么呢？

有人说，行为养成习惯，习惯造就性格，性格决定命运。这些话似乎有些绝对，但良好的习惯对人生的确太重要了。习惯是一种惯量，也是一种能量的储蓄，养成良好学习习惯的人，要比那种没有养成良好习惯的人以及养成不良学习习惯的人具有较大的潜在能量；不管是在学生时代，还是以后的工作生活中，都会更有优势。

第五章　教师应培养学生良好的学习习惯

　　中国青少年研究中心的专家孙云晓指出："习惯决定孩子的命运。"习惯的力量是巨大的，人一旦养成一个习惯，就会不自觉地在这个轨道上运行，如果是好习惯，将会终身受益，当然，学习习惯的养成也是如此。要使学生养成良好的学习习惯，并不是轻而易举的，作为教师，应在掌握学生学习习惯形成的过程与心理规律的基础上，作耐心细致的辅导。成为学生养成良好学习习惯的领路人。本章，我们首先学习一下，教师在培养学生良好学习习惯的过程中应该采取的策略。

一、培养学生的策略

1. 越早培养越好，科学循序发展

　　当前教学改革一个重要趋势，就是十分重视学生的主体意识，使学生积极、主动地进行学习，学会学习、学会关心和学会

生存。实际上学习习惯就是学会学习的一个重要指标，对学业成绩的影响是显而易见的，它是提高学习质量的重要条件之一。那种认为树大自然直的观点是不可取的。一棵带有枝枝权权又弯弯曲曲的小树，长大能直吗？

学生要学会学习，必须培养良好的学习习惯。古人说的"养其习于童蒙"也就是这个意思。习惯的培养说到底是大脑皮层条件反射的建立和巩固的过程，在这个过程中受到了各种各样因素的干扰。现代科学家认为，幼儿期和儿童期是良好习惯形成的关键期。孩子年龄小，可塑性强，且比较听话，容易训练，因而，良好学习习惯的培养要从小抓起，抓好开端。

学生在学习初期，由于他们的学习内容还较简单，学习难度也不太大，此时在教师的积极引导下，采用一些强化的手段，就可以在学生的头脑中形成一些正确学习的习惯。因此，对学生良好学习习惯的培养必须越早越好，如让其自发地形成不良习惯，要想改正过来，就十分艰难费事了。当然，在强调尽早培养学生良好学习习惯的同时，还需注意根据学生的年龄特点，不断提出新的培养要求，以使其良好的学习习惯得到更好的发展。如对1～3年级的小学生，应以培养他们专心听讲，写字姿势正确的良好习惯为要点；到了4～6年级，就可以在此基础上提出上课前先预习，作业整齐，规范和细心及速度要求，以使他们在毕业前养成"先预习，后听课；先复习，后作业；后检查"等良好的学习习惯。

"东方学生长期受儒家哲学的熏陶，比较重视知识的系统学习，习惯使用演绎法，喜欢根据已有的原理进行推演，不太敢想前人没有想过的东西，总的特点是重继承；而西方学生不知道孔夫子，他们不太重视知识的系统学习，习惯使用归纳法，敢于独立思考，标新立异，总的特点是重创新。两者相比，各有所长各有所短。"（杨振宁，1995年8月6日第一届华人物理学大会）仔细分析我国学生学习物理的表现，的确如杨振宁所说，习惯于念死书，善于照猫画虎接受知识；不善于动手实践，也不太会从大量的现象中，经过比较、归纳找出共性的东西来。而这是诸多学习习惯中最重要的两种习惯。在教学中，抓住东方学生学习的特点，扬长补短，将思维习惯的培训外显为许多可操作的、可检查的行为习惯训练，长期坚持下去，定能在素质教育方面取得成绩。

2. 加强思想教育，启发自觉学习

在培养学生良好的学习习惯时，要注意启发学生的自觉性。中小学生对于学习活动比较向往，积极性高，在学习习惯上可塑性较大。因此，在引导中小学生进行良好的行动习惯训练时，要注意启发自觉，在唤起其责任感时，强调自我监督。尽管有些习惯是由于无意重复所养成的，但人的大多数良好习惯都是有意识培养而成的。

要使学生能有意养成某种良好学习习惯，首先必须通过教育使学生懂得为什么要养成此种学习习惯，从而激发他们产生养成此种习惯的欲望；在讲清必要道理的同时，还要花大力气引导、督促学生自觉地实践，让他们在实践中把有关规范内化为自身的行为。其次必须培养学生坚强的意志，即有信心，决心和恒心。

例如，要养成每天早起跑步锻炼和晨读的习惯，那就要有坚持精神：不但每天都要早起，不能赖床，且不管严冬酷暑，刮风下雨，都要自觉坚持，不可寻找借口"三天打鱼，两天晒网"。换言之，要使学生自觉做到"我要学"而非"要我学"。

我们常说"知人为聪，知己为明"。知人不易，知己更难。我们要帮助学生正确认识自己，科学地了解自己。如外向型的学生，性格开朗，倔强，很简单的问题不懂时，也不怕别人笑话，能直率地提出来，及时求得解决。但是学习上不求甚解，钻研不深入。内向型的学生，善于思考，对不懂的问题有不断探索的精神。这类学生自尊心太强，不大愿意暴露自己的缺点，不太容易接受别人的意见。所以要帮助指导学生在科学地了解自己的基础上，建立适合自己的学习方法，有意识地发挥自己的长处，主动克服自己的短处。让学生科学地了解自己，是培养良好学习习惯的基础。

3. 耐心引导，以训练促养成

心理学研究表明：任何一种良好习惯的形成与巩固都要经过一个相当复杂的发展过程。中小学生自制能力差，一些良好学习习惯易产生也易消退，所以对他们要严格要求，反复训练，直到巩固为止。教师要有目的有计划的增强学生的学习意识，让学生在自主学习的过程中养成良好的学习习惯。但不能只讲要求，而应结合教学实际，精心备课，细心指导，反复训练，认真检查，严格督促，使良好习惯的养成融于课堂教学之中。

首先，应该向学生讲明养成良好习惯对学习的重要性，指出要养成这些良好学习习惯，必须克服哪些毛病，让学生心中有数，联系学生的实际落到实处。在每一学期开学，可以根据班级情况开个有关良好行为习惯的养成或坏习惯的矫治专题班会，对症下药，查漏补缺，扬长避短。

其次，要根据学生实际情况，逐步提出要求。教学过程中，教师高瞻远瞩地规划和脚踏实地地严格训练，也是十分重要的。心理学基础知识告诉我们："个性心理通过心理过程在实践中形成和发展，心理过程受个性心理的制约和影响。"按照心理学的分类，习惯属于心理过程，能力属于个性心理特征。所以，我们既不能把习惯培养好了之后再去培养能力，也不可能脱离开习惯的培养去讲培养能力。良好的学习习惯既不能一朝一夕养成，也不能在短时间内一下子统统形成。要区分主次、难易，从学生的实际出发，逐步提出具体的切实可行的要求，有计划地逐步扩展。对同年段的不同学生要区别对待，从细小处一点一滴开始培养，最后达到集体养成。

再次，要指导具体的学习方法。为了使学生养成良好的学习习惯，必须加以指导。例如，为了培养学生课外阅读的好习惯，教师把比较科学的读书方法归纳为"看、查、划、读、摘、想、记"七字诀，要学生熟记并照着去做，然后及时督促、检查，这样使学生逐渐形成良好的读书习惯。

中小学生自制力和持久性差，因此，教师在向学生讲清"是什么""为什么""怎么做"的同时，还应狠抓行为的训练过程，俗话说："没有规矩不成方圆"，学生的各种良好行为习惯的养成，很重要的方面就在于健全规章制度和严格严肃的规范训练。只有形成严格要求严格训练严格管理的约束氛围，才会在学生的心灵中，烙下良好习惯的印痕。中小学生在习惯养成的过程中有"反复"的特点，可以采用"反复抓""抓反复"的方法，学校与班级联合强化，小组与个别结合强化，通过对他们强化训练，必能取得良好效果。强化法可与学校的常规管理相结合，学校在不同阶段根据学生的规则习惯的形成情况，确立强化训练点，班级、学校上下一致强化训练。就说做课前准备这件事，要求学生把学习用品整齐安放在课桌指定的位置。这么简单的一件事对于一年级新入学的孩子就需要强化训练。我们经常会看到孩子们一听到老师说"下课"这一词，就飞一般跑出去玩了，老早忘记了课前准备这一事。可想而知，下一节课要等学生们都拿好书，起码要浪费 3～4 分钟时间，而我们的课堂教学只有 40 分钟，造成了不必要的损失。而一年级孩子没有这方面的意识，这就要求我们教师必须要进行反复训练，直到每个孩子都自动化去进行准备。

针对不同年级，不同训练阶段，教师还应该确定相应的训练重点。良好学习习惯的形成，要靠学生多次反复实践，持之以恒。教师要在课堂上加强指导，并及时进行检查和督促。经过课内若干时间的练习，学生良好的学习习惯初步形成了，再逐渐由课内向课外发展，良好的学习习惯就会巩固下来。同时要帮助学生克服不良的习惯。对于较顽固的不良习惯，要采取"针锋相对"的办法来克服。例如前苏联小学课本《马利耶夫在学校和家里》中的主人公，马利耶夫最爱苹果酱馅饼，他把馅放在身旁，强迫自己在馅香味道的刺激下去完成作业。他成功地抵制了诱惑，锻炼了毅力。

4. 心平气和诱导，以真情感人

老师有时苦口婆心地讲，三番五次地示范，可总有学生仍然达不到规范要求。对此，教师决不能动辄批评指责，伤学生自尊心。切忌"恨铁不成钢，操之过急"。欲速则不达，教师一定要深入调查，寻找原因，因人开"方"，心平气和地耐心诱导，以情感人，以情促行。

注意第一次。"无论什么事，第一次做得好，第二次就容易做得好；第一次做错，第二次就容易做错。"学生种种坏的习惯都是由于开始学的时候，大人没有留意去指导他们的缘故，以致后来一误再误，成为第二天性；所以要教小孩子教得好，必定要在第一次的时候教得好。对这些习惯不良学生来说，能逐渐克服不良习惯，就是进步；能逐渐养成良好的习惯就有希望。因此，老师既要严格要求，又要耐心热情，成为治病的良医。

5. 典型开路，树立榜样

低年级学生最肯以他所尊敬、佩服的人的一言一行为模仿榜样，

因而，榜样对学生具有很强的说服力和感染力，可以经常向学生介绍一些科学家、艺术家、伟人和古人是怎样学习的，以及他们有什么良好的学习习惯等。榜样的力量是很大的，尤其是身边的榜样。

俗话说"学高为师，身正为范"，因此我们教师的一举一动，都要做学生的模范。在学生的眼里，教师是完美无缺的榜样，教师要注意自己的言行，凡是要求学生做到的，教师首先做到。特别是小学生具有向师性、模仿性特点，教师必须发挥示范作用，注意言传身教。学生耳濡目染，由此而产生的内驱力，对其良好的习惯的形成，其作用不可估量。学生在学习中接触最多、关系最密切的莫过于老师了。学生，特别是低年级小学生，他们是在模仿中学习，其模仿能力相当惊人。教师在学生心目中有着一定的威信，教师的行为习惯经常成为学生的模仿对象。家长经常会从小学生的口里听到这样的话："我们的老师是这样说的。"所以，教师在教学中应表现出良好的习惯，以身作则，使学生在学习中受到潜移默化的影响。

在日常工作中，教师一方面要规范自己的一言一行、一举一动，作学生的表率。一方面要大量发现学生中的佼佼者，树立榜样。可以用设立"声音洪亮小标兵""团结协作小奖杯""课堂交往小专家""作业迅速小标兵""书写规范小标兵"等措施，发现学生的优点，具体细致地指出他们的长处，促使这些同学更加努力，保持自己的优势，使其他同学察觉到自己和榜样的相似性与差距，从而更用心地观察学习。在教学中，我们可以邀请优秀学

生介绍学习习惯和学习方法的成功经验，为同学们树立榜样。我们可以以小组为单位，总结在同学身边的学习经验，轮流介绍，这些经验很贴近大家的实际。光有典型还不够，还要落实。我们可以通过写周记，让学生们从学习习惯、学习方法上总结经验教训，经过反复总结，对学生的行为起到潜移默化的作用。同时，我们还可以每周班会课都有计划给学生读一篇文章。比如有一本叫《一生的忠告——一位外交家的爸爸给孩子的信》的书，其中有很多文章就值得推荐："你现在唯一要做的就是充实自己""切忌成为一个凡事怠慢的人"（不想为别人制造快乐和不能为别人带来快乐，休想得到别人发自内心的尊敬。）"连小事都不疏忽的人必定会有大发展。""遇到挫折应有积极的心态""不要失去自尊心""对方也拥有自尊""要保持一种稳重的处世方式""利用一块钱就能换取的人生智慧"等，通过学习这些文章，使学生从中悟出一些做人的道理，从而受到潜移默化的影响。

6. 培养学生勤学好问的精神

学生的学习是产生问题的基础，提出问题、解决问题，是提高学习质量的前提。在学习管理中，首先要提倡学生勤学，要养成学生好读书的习惯，让学生从自己看书学习中得到乐趣。把看书学习作为自己生活中获取精神食粮的过程。在学校的教学实际中，常常重视学生的看书学习，而忽视培养学生好问精神。因此，在指导学生解决学习中的疑难问题时，教师要对学生启其疑、导其思，也就是要向学生不断地提出挑战，让学生在学习中经常能

产生新的问题。这样经过学生对学习中出现问题的分析和纠正，就能慢慢起到显其错、正其本的效果。对学生学习上出现的错误，不要就错论错，而是要学生把错误的本质彻底暴露出来，引导学生分析错误的性质，找到产生错误的原因，寻求改正错误的办法，让学生从错误中自己解脱出来，总结自己的经验教训。

7. 个别指导，个别接触，个别谈话

及时了解学生的观点，知道事实的真相，双方易于接近。前苏联著名教育家苏霍姆林斯基说"要让每一个学生都抬起头来走路"。不是好孩子需要赏识，而是赏识使孩子变得越来越好；不是坏孩子需要抱怨，而是抱怨使孩子变得越来越坏。对这些学习习惯不够好的学生，我们要承认差异，允许失败，促使他们舒展心灵，尽展潜能。规则习惯的形成过程中，学生的实际情况是存在差距的。对于习惯较差的孩子，可以采用个别谈话的方法，了解孩子的思想实际，了解孩子的困难，帮助孩子尽快形成好习惯。习惯的养成具有一致性的特点，要取得家长的支持配合，孩子的不良习惯的成因有哪些是属于家庭因素造成的，教师要认真分析，并帮助家长运用科学的方法教育孩子。对于外向型学生，着重引导他们养成好学深思的学习习惯，遇到问题刨根究底，务求彻底弄懂。对于内向型学生，着重引导打破封闭的学习习惯，敢于提出疑问，敢于与同学合作学习。

8. 从"小"做起，贵在坚持

诸葛亮说过："勿以善小而不为，勿以恶小而为之"。要使学生养成良好的学习习惯，必须注意从一点一滴的小事做起，叶圣陶先生说："大事情是由无数小事情加起来的，小事情不注意，倒能注意大事情，这是不能令人相信的。"

一些看起来是学习中的"小事"，如读写姿势、爱护文具、发问答问等，如果训练得法，持之以恒地"聚沙成塔，集腋成裘"，就会为他们良好习惯的形成打下坚实的基础。例如，一些学者发现，要使学生养成良好的阅读习惯，就必须包括一系列的内容和要求：预读习惯、查读习惯、划读习惯、摘读习惯、询读习惯、注读习惯、比读习惯、议读习惯。在培养学生这 8 个方面的良好习惯过程中，只能从学生年龄特征出发，根据教学的具体情况，有的放矢地逐步地培养，最终由小积大，养成良好的阅读习惯。当然对于学生偶尔抄一次别人的作业，考试作一次作弊等，也决不可等闲视之。因为如果不能及时处理，它们也会由小到大地逐步积累，最终形成坏的学习习惯。

9. 消除不良习惯，破旧立新

为使学生养成良好的学习习惯，还必须教育他们自觉地与自己已经养成的某些不良习惯作斗争，并用新的良好习惯代替它，这就是"破旧立新"的意思。要做到这一点，一要启发学生认识坏习惯的危害性，促使学生下决心改掉坏习惯；二要帮助学生解决行动中的具体困难，落实具体措施；三要不断提醒、督促、检查，并善于

运用批评和表扬来评价自己；四要要求学生严格要求自己，不搞"下不为例"。关于这一点，美国心理学家詹姆士说得很好："每一回破例，就像让你辛辛苦苦绕起来的一团线掉下地一样，一回滑手所放松的线，比你许多回才能绕上去的还要多。"

10. 学会欣赏，善于激励

对于学生来说，习惯的培养就是在老师、父母无数次的肯定中得到强化。而作为老师、父母，当孩子做对以后，欣赏他、鼓励他、表彰他，这些都是为了强化习惯的养成，这些绝对起很重要的作用。中小学生都有强烈的表现欲，想让别人感到自己能力超群，出类拔萃。所以当他们取得成绩时，特别渴望得到老师的肯定，如果老师能及时发现，并予以表扬鼓励，学生要求进步的动机就会得到强化，并产生完美感、荣誉感。为了维护这种光辉形象，他们会坚持不懈地做出种种努力，不断约束和规范自己的行为，从而产生积极的良性循环。所以，在日常工作中，教师要经常用"肯定"激励学生的自尊、自信，用"赞赏"激发学生的自律、自强，从而培养学生成功的习惯。

赞赏学生独特性和富有个性化的理解与表达，培养学生勇于创新的良好习惯。课堂上或是作业中，对于同一道题，不同学生思路不同，方法不同却"殊途同归"，自然包含着学生各自不同的独创因素，即创新意识，对于学生敢于另辟蹊径的做法、想法教师应该及时给予肯定、表扬，甚至是不成熟的、或是错误的见解。教师都应从不同侧面赞赏学生独特性和富有个性化的理解与表达。让情感在这里交融，知识在这里增值。切忌抹杀学生的独到思维。另外，课后练习适当增加拓展创新性的题目。引导学生勇于探索钻研一题多解，以题简意深的题目激发学生的学习兴趣，求得新颖、独到、变通的回答。从而培养学生勇于创新的良好学习习惯。

可采用个体内差异的评价方法，即将评价对象的现在与过去比较，或评价对象个体的一个方面与若干个侧面进行比较，对评价对象发展的变化进行评判。分层激励性评价是一种以评价对象个体发展变化为参照点的评价类型，它不与其他对象作横向比较，易于反映评价对象在原有学习习惯的基础上发展变化的状态。进行分层激励性评价时，切忌不要用学习成绩的高低作为评判学生学习习惯进步快慢的标准，同时应注意各科教师之间、教师与家长之间的协调配合；作为班主任应保持与各科教师及时沟通，最好为每个学生建立学习习惯档案，这样可使每个学生在各自的水平上取得不断进步。

班主任、各科教师、家长对学生的要求一定要一致，否则，学生会感到无所适从，不利于学习习惯的养成。

一个学生不可能完美，只要他一次做好了，老师都会欣赏他，并给予肯定："这样做，好！……这样做就对了……"只肯定一次还不够，应该是无数次肯定，要知道老师的一句赞许的话对孩子的激励是无可估量的，甚至影响到孩子的一生。

把"后进生"当成"优等生"，用发展的眼光看学生。每一个学生都需要鼓励，尤其是后进生。多发现后进生的优点并及时给予适时的点拨、激励，学生也会随着老师期望的方向发展。当学生犯错误时，不是训斥，而是心平气和地讲道理，使学生尽快地改正缺点。只要给予信任，学生会是很诚实的。同时，还要尽最大努力去发现每一个后进生身上的积极因素，对他们的点滴成绩及时加以肯定，坚持正面教育，耐心启发诱导，让后进生自觉地同自己的错误行为展开斗争，使后进生的心思尽快地转到学习中来。

11. 慢启动，后加速

这是全国模范教师魏书生在"语文学习习惯的训练"中提出的方法。其步骤是：首次慢启动，时间 1 ~ 2 个月，让学生有个适应期，内容是训练自学。动起来之后，再逐渐加速，速读、日记、查字典、说话等项的量与质，均较第一步的要求高。第三步是巩固定型、迁移习惯。如听一篇短文，而后复述内容，分析层次，归纳中心，指明特点；速读一篇文章，任学生自由评说；依规定的步骤通读教材，听、说、读、写都有了，是四项训练内容，又是四种训练方法。魏书生特别指出，训练中的第二步："逐渐加速"，是关键的一步、最困难的一步，需要教师的耐心和韧性。

魏书生的语文训练思想对一般学习习惯的养成具有普遍意义，事关群体的学习训练活动，开头过急过猛，可能只有少数人跟上，而招致多数人的埋怨。欲速则不达，"慢启动"是适宜的。此外，学习习惯的养成，一般是由外而内，由易至难（如由遵守教学常规到听讲开动脑筋、主动质疑等），由不稳定到稳定，并经过重复练习来实现的（如认真听讲开始只限于某些课，慢慢才进到所有的课，并逐渐形成行为定势）。魏书生的实验符合这一基本规律，特别是他在各层次训练上所拟定的"子目标"，明确具体，操作性强，训练的负荷也是学生能够接受的，所以，值得效仿。

12. 抓整体，促个别

经常使用煤球炉的人会有这样的经验：炉中尽是红煤球的时候，丢几颗黑煤球进去，很快便会燃得通红通红。反之，如果炉中黑煤球居多，再加入几颗黑煤球，又不采取有效的补救措施，那么，不多的红煤球也会渐渐由红转暗，甚至也成了黑煤球。这是由于当黑煤球居多时，仅有的几颗红煤球在一炉黑煤球的包围中，只有热量输出，而无热量补充，最后只能热量耗尽，也成了冷煤球，加进的黑煤球，只能使炉火熄灭的更快。而当红煤球居多时，加进少量的黑煤球，彼此的热量相互传递、补充，使炉温不断升高，迅速燃烧起来。一个学风优良的教学班，就如同炉火正旺的煤炉，纵有几个学风差、学习习惯不好的学生，也会逐渐

被同化、"燃烧""变红"。人们把这种现象称作"煤炉效应"，或"环境效应"。抓整体，促个别的工作经验，便体现了"煤炉效应"的原理。经验说明，没有整体的良性运转，个别后进生的工作往往难以奏效。"抓整体，促个别，用个别优化整体"的方法，可以延伸到学生科学学习习惯的训练中来。

13. 激发兴趣，体会成就

我国古代教育家孔子说："知之者不如好之者，好之者不如乐之者。"因此，任何一个成功的教育者都会特别注意引发学生的学习兴趣。教育心理学认为，学习动机是人去学习的内部原因，是人类行为动机体系的重要组成部分。而学习兴趣是学习动机的一种，是一个人对学习的一种积极的认识倾向与情绪状态。学生对某一学科有兴趣，就会持续地专心致志地研究它，从而提高学习效率。从对学习的促进来说，兴趣可以成为学习的原因；从由于学习产生新的兴趣和提高原有兴趣来看，兴趣又是在学习活动中产生的，可以作为学习的结果。所以，学习兴趣即是学习的原因，又是学习的结果。爱因斯坦说过"兴趣和爱好是最好的老师。"学习有兴趣就会促进学习上的成功，而学习上的成功反过来又会有助于提高学习兴趣。

学习兴趣大体上可分为直接学习兴趣与间接学习兴趣两种，前者是由所学材料或学习活动——学习过程本身直接引起的。学生在学习一门课程之前，并不知道这门学科具体是讲什么的，因而对它产生好奇，有一种探究心理。这时，作为教师就应加强对

教材内容的处理，使之具有趣味性、形象性，从教材的内容上将学生的好奇心转化为直接兴趣。教师应有意识地利用学生在开始学习时哪怕是朦胧的、不太明确的好奇心、兴趣，引导他们在学习知识上取得成功，形成内部动机，再通过各种有效手段等外部动机增强其内部动机，使之有一种良好的学习的认知内驱力。

自我提高的内驱力，是学生因自己的胜任能力赢得相应地位的需要，它与认知内驱力不同的是，它并非真正直接指向学习任务本身。由于一定的成就总能赢得一定的地位；同时，一定的地位又决定着它所感觉到的自尊心，从而对学习本身产生兴趣。教师应充分认识到，学生的学习兴趣并不完全来自认知内驱力。家长、教师的肯定、表扬、鼓励、奖赏，同学间的钦慕都会激发学生学习的兴趣，教师应有意识地发挥这一作用。及时给予鼓励和表扬，激发其内心的成就感，让学生体会到学习的快乐与成就感，从而大大激发学生的学习兴趣。培养学生的学习兴趣要从以下几点做起：

（1）在教学过程中，注意激发学生的学习兴趣。

首先，备课要深入挖掘教材中的情趣因素和艺术魅力，把兴趣附着在知识上。另外，要捕捉学生生活中的兴趣点，把学生有所知却又不甚明了的课外问题恰当地引入。把握教材中的难点、重点，使教学科学、系统、新颖，课堂安排轻松合理。教育的价值除传授知识、开发智力外，应是让学生从教师这里学到观察问题的角度和解决问题的独特方法，所以讲课应注意讲思路、讲方法。对于一些简单的一看就懂的问题干脆不讲或者少讲，对一些

疑难问题要多问几个"为什么",引起学生学习兴趣。

（2）教态是一种无声的教学语言，能引起学生注意。

教师在教学中虽说不是演员，不需故作姿态，但适当地配以表情、动作是教学艺术的重要体现。教师的衣着、行为举止、声音等都影响着学生，教育着学生。有些学生因为喜欢某个老师也就喜欢他所教授的课程。作为教师要朴素、大方、庄重、声音要生动、优美、洪亮。教师要以自己的形象、风度"征服"学生，控制课堂，使学生思维开启，兴趣浓生。

（3）幽默能形成学生的"兴奋点"，集中注意力，培养学习兴趣。

一般来说，学生的学习兴趣往往是因为被教师有趣的讲解和奇特的方法所吸引而产生。幽默不仅是笑，也是一种生活态度在艺术中的体现。但是，运用幽默也有一定的方法。比如同时带两个班课程，有时这个班课堂气氛活跃，另一个班就不很理想。所以幽默也不是目的，是手段。要根据具体情况，运用恰当。

（4）教师要和蔼、热情，培养和学生的感情。

教师要时刻让学生感受到理解、信任、关怀和鼓励。尤其学生遇到困难时，不要冷若冰霜、盛气凌人，使学生敬而远之、望而生畏。只有教师对学生爱得深，才能把学生的学习兴趣激发起来。教师要注意学生的表情、动作以及学习反馈，让学生感到教师无时不关心着他们。学生取得了进步，我们一个赞许的微笑，学生觉得自己被老师肯定，师生的感情就发生共鸣，从而会产生

进一步学习的兴趣。

14. 家庭上配合，形成合力

教育家陶行知说："教育犹如雕刻活人之塑像，所不同的是，艺术家的塑像常由一位美术家来完成，而活人之塑像则是家长和一群教师来完成，倘若刀法不合于交响曲之节奏，那便处处是伤痕，而难成真善美之活塑像，在刀法之交响曲中，投入一丝一毫的杂声，都会有损整体的和谐。"日本教育家福泽渝吉也曾说："家庭是习惯的学校，父母是习惯的教师。"

教师应该使家长树立"不在于学生对着打开书本坐了多久，而在于坐在那儿学的效果"的观念。同时，介绍哪些良好的学习习惯和学习方法是决定学习效果的，使家长如何指导子女学习，心中有个谱。为调动家长参与学生学习习惯的培养，教师可以采用多种方法。如：课本每周让家长签字，发现问题及时与孩子谈话，"家长孩子角色互换制"——让孩子为家长提意见，等等。通过这些活动，一是可以让家长及时了解孩子的近况，二是主动让家长积极参与到学生良好学习习惯的培养工作中来。

小故事大智慧

一位音乐系的学生走进练习室，钢琴上，摆着一份全新的乐谱。"超高难度……"他翻动着，喃喃自语，感觉自己对弹奏钢琴的信心似乎跌到了谷底，消磨殆尽。已经3个月了！自从跟了

这位新的指导教授之后，他不知道，为什么教授要以这种方式整人。

勉强打起精神。他开始用 10 只手指头奋战、奋战、奋战……琴间盖住了练习室外教授走来的脚步声。

指导教授是个极有名的钢琴大师。授课第一天，他给自己的新学生一份乐谱。"试试看吧!"他说。乐谱难度颇高，学生弹得生涩僵滞，错误百出。"还不熟，回去好好练习!"教授在下课时，如此叮嘱学生。

学生练了一个星期，第二周上课时正准备让教授验收，没想到教授又给了他一份难度更高的乐谱。"试试看吧"! 上星期的课，教授提也没提。学生再次挣扎于更高难度的技巧挑战。第三周，更难的乐谱又出现了。同样的情形持续着，学生每次在课堂上都被一份新的乐谱所困扰，然后把它带回练习，接着再回到课堂上，重新面临两倍难度的乐谱，却怎么样都追不上进度，一点也没有因为上周的练习而有驾轻就熟的感觉。学生感到越来越不安、沮丧和气馁。

教授走进练习室。学生再也忍不住了。他必须向钢琴大师提出这 3 个月来何以不断折磨自己的质疑。

教授没开口，他抽出了最早的第一份乐谱，交给学生。"弹奏吧!"他以坚定的眼神望着学生。

不可思议的结果发生了，连学生自己都惊讶万分，他居然可以将这首曲子弹奏得如此美妙，如此精湛! 教授又让学生试了第二堂课的乐谱，学生依然呈现超高水准的表现……演奏结束，学生怔怔地看着老师，说不出话来。"如果，我任由你表现最擅长的部分，可能你还在练习最早的那份乐谱，就不会有现在这样的程度……"钢琴大师缓缓地说。

人，往往习惯于表现自己所熟悉、所擅长的领域。但如果我们愿意回首，细细检视，将会恍然大悟：面对紧锣密鼓的工作挑战，难度渐升的工作压力，持续提升自我，不也就在不知不觉间养成了今日的诸般能力吗？

因为，人，确实有无限的潜力。

有了这层体悟与认识，会让我们更欣然乐意地面对未来更多的难题，不断磨炼自己。

二、教师需要做些什么

在了解了教师在培养学生良好学习习惯应当采取的策略后，我们具体来学习一下应该做哪些工作。

1. 指导学生课前预习

课前预习是上好新课，取得较好学习效果的基础。所有的学科几乎都可以预先预习，有的老师认为，学生预先预习，上课时就不认真听讲了，所以极力反对学生预习，从而导致学生的预习习惯被扼制了。实际上，在上课前先预习，可以让学生了解本节课将要学习的知识内容，以及上课时所需要准备的用具，找出不能理解的知识点和易混点。这样便于上课时更能集中精力听预习时不能理解的知识点，澄清容易混淆的知识点，也便于学生掌握本节课的知识重点，集中力量突破知识难点，同时也能使学生分配好上课时学习的时间，若预习时自己已经弄懂的问题，上课时

就可以将精力转移到知识的应用上去，不需要再去花时间学习自己已经明白的知识。这样一来，学生就更有精力投身于自己认为较难的知识的学习中去，从而使"不同的人在学习中得到不同的发展"真正落到实处。课前预习不仅能培养学生的自学能力，大大增进他们的求知欲望，而且能让他们掌握学习的主动权，上课时会更认真、更主动。

当然，自学不能走过场，要讲究质量，力争在课前做到明确学习内容，会分析例题，能知道例题的解题方法。这样在上课时就能更好地把握重点，突破难点，尽可能把问题解决在课堂上。在上课前，要求学生把即将学习的内容阅读一遍，并有针对性地作一些简单笔记，哪些易理解，哪些似懂非懂，哪些不明白，预习后自己有何想法和疑问等。课堂上再听时，就可有的放矢，为使学生能有效的预习，刚开始时，每天指定时间给学生预习，教师检查、指导预习笔记，久而久之，让学生形成习惯。在培养学生预习习惯的过程中，教师可以按照以下几点去做：

（1）教给预习方法。

预习一般是在课外进行的，但是学生开始不会预习，应该把预习拿到课堂上来，酌情上几次预习的指导课。在预习课上，老师用一个例题做例子，带着学生一起预习，教给学生预习的方法。对中高年级学生的预习方法一

般是：

①全册预习。新学期开始，我们可以指导学生进行全册预习，对新学期的学习内容做到心中有数。

读目录。目录是全册书的缩影和提纲，统观目录，能帮助学生构成全书的轮廓，了解全册的学习内容，明确学习要点。

读内容。就是把全册的内容浏览一遍，粗略地了解一下哪些章节易学，哪些章节难学，并记在预习笔记本上。

②章节预习。章节预习的方法是粗读某一章或某一小节的内容，明确例题的类型，整理粗读提纲，对单元或小节的学习内容做到心中有数。

③课时预习。课时预习一般是在讲新课前的一两天进行，对某例题进行思考性细读。课时复习要让学生养成如下习惯。

课前看一看。首先要看学习内容，包括课题主要讲什么、重点是什么、难点在哪里；其次，要看这部分知识与原有知识有什么联系，弄清知识的生长点。为了引导学生有序地"看"课本，可以指导学生利用预习本，把看的内容用表格的形式固定下来，要求学生边看边记，用以检查预习效果。

课前做一做。有些知识，仅靠"看"学生不易看懂，必须亲手做一做。

课前想一想。预习是学生自学的一个重要手段，对此教师应抓住教材的重难点，利用学生已掌握的知识，给学生提出恰当的预习要求，设计好预习题。

课前练一练。预习例题以后，学生可以在老师讲新课前把例题后面的练习尝试性地练一练，通过练习，检查一下自己看懂了多少知识，不会做的或看不懂的地方，作上记号，待教师授课时注意听或提出来。

（2）精心设计预习提纲。

设计预习提纲的原则是：

①预习题要有针对性，即针对教材内容和学生实际。

②要养成预习的习惯，就要激发学生对预习产生兴趣，所以设计的预习题要体现趣味性，能激发学生求知欲，使他们主动探求问题。

③预习题要有启发性和指导性，能启迪学生思维。

④预习题要考虑学生的可接受性。细化预习内容，使预习有文可依。在布置预习内容时一定要遵循"循序渐进""少而精"的原则。预习内容要循序渐进，由浅入深，以解决下堂课的重难点为主。预习不要流于形式也不要要求过高，学生"跳"了，还是摘不到桃子，或预习形式千篇一律，学生会感到枯燥无味。

宣布预习要求，可以老师讲，也可以用小黑板写好，还可以印发预习卡片。开始预习之前，要让学生复述或读一读预习要求，再让学生说一说，对预习要求不清楚的，教师讲清后，方可组织预习。

（3）认真贯彻课内检查。

叶圣陶先生指出："预习原很通行，但要收到实效，方法必须切实。"可见，课外预习，应注重课内检查，检查后要给予正确评价，要多鼓励，多表扬，使学生充分感到预习是和书面作业同等重要的学习活动，从而增强学生的学习兴趣。检查的方式有：看学生的预习笔记、出几个小题让学生笔答、课内提问检查等。无论采用哪种形式检查，检查后都要对该次预习情况进行评讲，以推动下一次预习。培养学生预习习惯，主要靠学生持之以恒的预习实践，只要长期坚持，经常指导，学生的预习水平便会不断提高，就能养成良好的预习习惯。

教师可在上新课前提出几个能引起学生注意的问题作为自学的作业，或者请学生在自学时在不懂的地方打个问号，核心重点的地方或自己认为较难理解的地方打个星号。在上课时，教师可占用 1～2 分钟时间让学生先交流一下自学的收获或遇到的困难，并充分利用学生自学的基础教学新知。这样有目的、有要求、有检查，学生的自学习惯久而久之自然会形成。

2. 引导课上听讲

课堂教学是学生学习知识、发展能力的主渠道。向课堂要质量是教师的共识，而良好的听课习惯是听课质量的有效保证。俗话说："习惯成自然。"任何习惯都是从小养成的。如果学生没有良好的听课习惯，即使教师的课讲得再精彩或学生有良好的天赋也很难达到预期的效果，而习惯的培养是经过师生长期的努力而形成的，良好的听课习惯是提高教学质量的重要手段，特别是从小开始培养孩子好的学习习惯，就必须从他们的听课抓起。教师

作为学习的组织者、引导者和合作者，肩负的任务不单单是教知识，更重要的是指导学生去学知识，用知识，要使他们良好的学习习惯得到进一步的巩固和验证，学习情感和兴趣得到进一步的丰富和增强。若没有良好的学习习惯，教书育人目标的完成，就是一句空话。

（1）培养学生专心听讲的习惯。

要求学生上课时既要听老师讲解，又要仔细听同学们的发言。要使学生养成专心听讲的习惯，老师自己必须做到：

①上课时要提出明确的要求，促使他们仔细听课。为此，应明确提出上课专心听讲的"三注意""一纠正"的学习要求，并逐条落实。

三注意：注意听老师讲解的每一个知识点，听清、听全老师提出的学习要求，思考老师提出的问题；注意观看老师的演示，体会其中的奥妙；注意听取同学们的发言，并善于吸收其中的营养，充实自己。

一纠正：及时纠正注意力不集中、贪玩、做小动作等不良习惯。

②采用学生喜闻乐见、生动形象的教学方法，吸引他们仔细听课；"亲其师而信其道"，要使学生亲其师，教师首先对学生要倾注满腔的热情和爱心。走上讲台，教师饱满的情绪和充满激情的言语会让学生的听课情绪为之一振。在民主、和谐、开放的氛围中，学生的求知热情和投入教学活动的专注力才能得以提高。

除了依靠创设民主和谐的氛围，教师在上课前必须认真钻研

教材、把握教材的重难点，寻求突出重点的途径以及分散难点的策略、方法。深入了解学生已有的知识经验和情感特征，精心设计好教学过程、设计好有层次的练习，让教学过程精彩、紧凑、容量大，这样的课堂才能对学生产生强大的吸引力，使学生上起课来津津有味，轻松快乐地掌握知识。

另外，课堂上不断变化课堂的节奏和频率，也可以检查出哪些孩子在认真听讲，哪些不是，让学生找不到机会也没有时间去开小差。在平时教学中我常突然问："刚才我提出了什么问题?""他刚才是怎么说的?"这样训练对学生的专注力提出了进一步的要求。长时间这样训练，学生不得不听，逐渐达到专心听讲。

③运用学生有意注意与无意注意相互转化的规律，保持学生良好的注意。教学中既要运用教具、实物等引起学生的无意注意，又要运用故事、游戏等手段引起学生的无意注意。教师要善于提出具有启发性的问题，促使学生专心听课，久而久之，学生就能形成专心听讲的习惯。

倾听，也就是培养学生听要入耳。无论是听老师讲课还是听

同学发言都要专心、细心、虚心，要能从别人说的话中搜集到相关的信息，当然不能盲从，要有选择的接受，对别人不完整、不准确的发言会进行补充和整理。只有把别人的发言听清楚、听懂，才能从中得到启发，触类旁通。因此课堂上听的习惯特别需要有意识的培养，如：让学生说说"刚才他说了什么""你听到了什么""听懂了什么""你觉得他说得怎么样""你有什么不同意见吗"等等。由于中小学生的自我控制能力还较差，注意力容易分散，经常会发生听课"走神"的现象；还有的学生往往只注意听老师讲，同学发言时却漫不经心。教师如果不加注意，及时提醒，把学生的注意力引导到认真、仔细听上，既不利于学生掌握所学知识，也会使学生逐步养成不认真听课的坏习惯。

正如前苏联心理学家西·索洛维契克说的："要想在课堂上集中注意力，我们还是从一年级就学会做简单的事情开始吧：身体坐正，振作起来，做好听课准备……这样，我们就会非常容易地把注意力集中在老师的讲解上。"为此，老师可以鼓励和号召学生"超前"思维，即每当老师在课上提出问题时，要求学生马上想，争取在老师讲解之前提出自己的想法，再和老师的讲解对比。对了，对在什么地方；错了，是怎么错的。学习的过程首先是模仿别人的过程，由于学生还比较幼稚所以在他们还不熟悉用内部语言进行思考问题的初期，教给具体的解题步骤，并要求他们执行，而且不断督促检查，使学生服从，逐渐被同化。教师应该最大限度地控制自己在课堂上的讲话时间，把更多的时间留给学生们用。减少那些不必要的重复性讲话，避免学生产生厌烦情绪。要求学生上课要集中精神，带着自己的问题跟上老师思路去听课，指导学生记好课堂笔记。

（2）培养学生课内阅读的习惯。

课本是无声的教师，是学生获得系统知识的主要来源。因此，要指导学生认真阅读课本，坚持课内阅读。开始可由教师带领学生阅读，具体地指导学生如何抓住课本中每一小节的主要内容和重点，怎样理解基本概念，思考问题，提出问题。对于一些关键性的字、词、句要进行圈点划批，咬文嚼字，正确理解课本知识，掌握基本概念。

指导阅读，要根据教材内容，选择不同的方法。有的教材内容，学生不易看出重点，可由教师提出问题，学生带着问题看书，寻找答案，弄清算理，掌握法则。有的教材内容，学生已有一定知识基础，可由学生先做尝试性练习，再与课本对照、印证，加深理解。有的教材内容，学生能独立看懂，就放手让学生自己看书，然后组织交流所得，进一步消化理解。

培养学生正确审题也是培养课内阅读的一部分。审题是正确解题的前提。我们在课堂上教给学生读题方法，要求学生边指边读，强调他们多读，弄懂题目具体有几个已知条件和问题，读中画重点字、词，养成用符号标记习惯，同时指导分析对比的方法等，这是一个极其重要的习惯。比如：在做四则混合运算试题时，不少学生往往是拿到题目不假思索提笔就算，忽视审题这一

环节。因此，不是计算失误就是方法不合理，对此教师要要求学生在计算时要做到：一看、二想、三算。一看就是要看清算式中的数字和运算符号；二想就是想一想先算哪一步，后算哪一步，什么地方可以口算，什么地方要用笔算，什么地方可用简算；在看清题目、想好计算方法的基础上，再开始动笔计算。

（3）培养学生积极思考的习惯。

养成积极思考的习惯是发展学生思维的前提。思维是智慧的源泉，没有思维就没有对知识的理解、消化和升华。在培养学生认真听讲的同时，一定要鼓励学生多动脑，积极思考。教育心理学的研究表明，在学习中，如果一个人的思维能够始终处于积极状态，那么，他的注意也就一定能够在较长时间内保持高度的集中。爱因斯坦曾说过："发展独立思考和独立判断的一般能力，应放在教育的首位，而不应当把获得知识放在首位。"

教学生会思考，首先要让学生"生活在思考的世界里"。这就要求我们的教学能创造条件并能激发学生思考。比如数学课，就要让学生在对数学材料进行观察比较、分析综合、抽象概括、推理判断的过程中，掌握思考方法。思考的方法，单凭认真听"讲"是听不来的。思考的方法是要靠学生自己的独立思考来领悟。只有学生不断地体尝到思考的乐趣，才能逐渐养成独立思考的习惯。

独立思考的能力首先表现在怀疑的精神上，就是要敢于质疑。"学起于思，思源于疑"，学生有了疑问才会去进一步思考问

题，才会有所发展，有所创造。苏霍姆林斯基说过："人的心灵深处，总有一种把自己当作发现者、研究者的固有需要。"为此在教学中，教师要创设多种质疑情境，给学生尽可能多的独立思维的天地。通过创设质疑情境，有意识地引导学生观察、发现问题，激发学生的质疑兴趣和欲望。学生通过质疑、探究、讨论，会对所学语言有更多的认识，更深的印象。在教学过程中，教师要注重创设多种质疑情境，让学生由过去的机械接受向主动探究发展，从而发展学生的创造个性。

形成积极思维的习惯，关键在课堂教学上想方设法让学生多活动，使学生一上课就紧张起来，问题一个接一个，引导学生思考、讨论、解答。每当一个问题讲完之后要给学生一两分钟回味、思考的时间，充分发挥课上 45 分钟的作用。要实在的思考，其实，不少学生学不好的原因是"假学"，而假学的根源是"惰"，长期以来，"不懂就问"的思想根深蒂固，大大限制了人的思维发展。应该是"不懂怎样问?"这才符合现在的学习理念。学生没有养成真正、实在的思考，能真正地解决问题吗? 例如: 两个全等三角形能拼成几个不同的平行四边形? 大部分学生直接回答 3 个，错! 问题在于审题，如果具有较强的分析解题责任，细心理解的习惯，不难发现，两个全等三角形可能是两个全等的

不等边三角形或等腰三角形，或等边三角形，通过动手试验得出正确的答案：3个或2个或1个。因此，一定要培养学生"一切要认真做"的良好习惯。学习，这是想弄明白，学生一旦认真起来，一切就顺畅了。

曾经看过一本书叫《学习像呼吸一样自然》，呼吸，是人生存的自然本能，学习，人人都会，只是习惯与方式的不同而已，而不是刻意去寻找某种学习方法，这样很苦。在教学中要营造一种民主、和谐、师生平等的课堂教学气氛，培养学生不懂敢问、有意见就发表的意识和习惯，让学生敢于发表意见，敢于发表不同的意见。所以，课堂上教师在培养学生认真听讲的同时，一定要鼓励学生多动脑，多思考。学生积极提问，主动参与教学过程，教师便能排除学生思维障碍，帮助学生学好知识，提高课堂的效益。这就要求教师对提问的学生给予肯定和鼓励，哪怕是相当幼稚、离奇的问题。这都是学生思维活动的结果，老师的表扬可以使这种学习行为在以后的学习中持续发展，更深刻地追求"是什么""为什么"的答案。坚持在教学中引导学生积极思考，就能帮助学生较好地消化所学的知识，逐步养成勤于思索的好习惯。独立思考表现为：无论上课或做作业时遇到问题，学生能积极开动脑筋、乐于思考、勤于思考、善于思考，而不依赖于别人求出的答案。当教师发现学生有独立思考的表现时，要及时加以表扬。

传统教学中学生的学习几乎完全依赖教师，严格按照教师和书本的导向去记忆和归纳知识，很少有学生对教师或课本产生质疑。课上，教师设计好每一个细节问题，学生顺着教师解题思路解答；有的是一问一答，有的是教师说上句，学生说下句，还有的是齐答……这些都不利于培养学生独立思考的习惯，学生解答问题，需要一个对问题全方位思考的过程，而不是教师嚼碎后一口一口地喂给他们。要让学生自己爬坡，就不要给学生搭"梯"，更不能牵着学生走。最好的办法是课堂上既要给学生思考的机会，又要留给学生思考的余地，还要教给他们思考的办法。

比如：从"新""旧"知识认知结构矛盾交接处联系思考。如：讲工程问题时先出示"修一条 1200 米长的公路，甲工程队要 20 天完成，乙工程队要 30 天完成，两队合修要多少天完成？"接着把"1200 米"去掉，改成例题形式，让学生主动发现新知，实现学习的迁移。

再比如，抓住关键字、词思考。如：在教"循环小数"时，可以启发引导学生抓住"依次""不断""重复出现"这 3 个词，思考"每个词都表示什么意思？""为什么要依次、不断、重复出现？""这 3 个词删去一个行不行？"利用这一关键处的设问，揭示概念的实质。

还有，利用课题思考。如：教学"长方体表面积"时，在板书课题后，可引导学生针对课题思考，如：什么是长方体表面积？要计算长方体表面积需要知道什么条件？怎样求长方体的表面积？学习长方体表面积有什么用？在我们的生活中哪些地方与长方体表面积有关？求长方体表面积时有没有特殊情况？求长方体表面积时我们需要注意些什么等等。

（4）培养学生大胆发言的习惯。

语言是学生形象思维和抽象思维的工具，同时也是两者转化的工具。学生的语言活动是学习认识活动中起决定作用的一环。引导学生上课积极发言，把动口与动手、动脑结合起来，能够有效地实现知识的内化，这也是培养学生良好学习习惯的手段之一。

上课要求学生使用普通话大胆发言，做到声音洪亮、口齿清楚、叙述完整，这样既可以培养他们的语言表达能力，又可以培养他们的逻辑思维能力。当前，有的学生还存在会做不会说的现象，造成这种现象的原因是在教学活动中，有些教师比较重视培养学生书写的习惯，往往忽视了学生积极发言习惯的培养。课堂上学生发言不积极，或发言质量不高，冷冷清清的教学气氛会抑制学生的思维，影响教学任务的完成。因此，教师应该重视培养学生的口头表达能力，让学生养成敢于发言的习惯。这样既能训练学生的思维，又活跃了课堂气氛，提高了课堂效率。

通常，低年级学生还比较大胆发言，但到了中高年级，学生由于各方面的原因，却变得羞于发言，举手的同学寥寥无几了。因此，低年段积极举手发言的孩子，刚开始不管他讲得怎么样，都给予适当表扬、激励。在教学中，要在教学中要

创设一种民主、宽松、自由的环境引导学生从"不会、不敢发言"到"敢于发言";由"敢于发言"到"积极发言""善于发言"到"乐于发言"。在教学中要"创造机会,让孩子多说多练,逐步培养他们的表达能力。"比如,对于大胆发言的学生,要大张旗鼓表扬,树立为学生学习的榜样;对于在课堂上由于情绪紧张而说不清楚的学生,要及时鼓励;对于口头表达能力差的学生,不敢在广众场合发言的学生,教师可以把读书及读题这类的较简单的发言机会给予他们,并多给他们以肯定及表扬。同时要教学生课堂发言注意事项:回答老师提问时音量要大,语气要肯定,让全班同学都听见。修正他人发言时态度要诚恳,要先肯定对方发言中对的方面,再诚恳地指出不足,说出自己的意见,千万不要讲伤害对方的话。而被修正意见的同学,应虚心听取对方的意见,如果意见不正确,也要等对方把话说完后再发表意见。

课堂上,教师应关注每一个学生是否积极举手发言,从发言中教师可以明了自己的讲课效果,也可以判断出学生听讲是否专心,思维是否活跃。不要让学生把回答问题当作压力而不肯说,不敢说。教师要努力创设一种能够引起学生积极思维和积极发言的问题情景和氛围,并帮助学生克服心理障碍并鼓励学生大胆发言。对于那些基础差点的学生,只要能站起来发言就可表扬,哪怕讲对一点点,也给予鼓励,以此提高学生的自信心。而对于基础好点的学生则按发言的要求"大大方方、声音响亮、叙述完

整、有条有理"进行擂台赛，以激起学生发言的积极性，然后每个小组再派代表进行团体赛。这样发言精彩的学生就脱颖而出了，他们既有成就感，又为其他学生做了榜样。最后，可以让每个学生自己找一个同伴练习说，使学生的发言更精彩。我们应多给学生自由表现的机会，自由创造的天地，让他们感到"心理安全""心理自由"。说得不好的学生教师要多鼓励、多指导，让学生在反复的"试说→纠正→再说"的过程中，逐步提高语言表达能力。经过长期坚持训练，各类学生的口头表达能力都有了不同程度的提高，形成了一种良好的学习氛围。

给后进生发言权。培养学生积极动脑回答问题的习惯，难点在于训练后进生。后进生上课一般表现为视而不见、听而不闻，因为他不善于观察，不会听讲，不会思考。因此对后进生更要设法使他学会动脑子，这就要给后进生发言权。后进生在课堂上回答问题时心虚，声音小，若说错，遭同学嬉笑，下次就更不敢举手发言了，不说也就不想，不动脑子。所以辅导后进生学会动脑子，就要设法使后进生开口，敢讲话，会回答问题。例如，接班后的前几节课可以作为争取后进生的重点课来上。课前就把检查复习的题目先告诉后进生，并具体教他们如何回答。由于后进生先学一步，心中有底，上课时就敢于举手发言，回答时也声音洪亮。稍有进步，就抓住时机给予表扬。后进生逐渐练大了胆，再逐渐加大难度。后进生尝到了甜头，有了自信心，说的积极性就高了。后进生也能积极动脑回答问题，也可促进中等生、优等生。说，促进了想，使学生的思维始终处于活跃状态。

现在课堂教学中的"插嘴"现象是普遍存在的问题，传统做法是受到老师毫不留情的批评，而实际上它是学生积极思维的一种体现。能"插嘴"说明他有自己的想法，有自己对问题的领悟，它是在新课程下轻松、融洽的课堂氛围的产物，因此它需要我们老师的小心呵护。要培养学生大胆发言的习惯，我们就要打破陈规，允许"插嘴"，保护"插嘴"，拉近与学生之间的距离，使课堂处于和谐的交融状态。

另外，要培养学生主动参与课堂学习活动的习惯，教师要适时组织既有效又有趣的学习活动，使学生在课堂学习活动中乐于思考，勇于操练，敢于交流，方能激起思维的火花，激发学习兴趣，逐步形成主动参与课堂学习活动的习惯。

（5）培养学生书写工整的习惯。

俗话说："字如其人"。写字的过程就是学习做人，培养学习态度、习惯的过程，孩子们的情感会从中得到熏陶。郭沫若曾说过："培养中小学生写好字，不一定人人成为书法家，总要把字写得合乎规范，比较端正、干净、容易认。这样养成习惯有好处，能使人细心，容易集中意志，善于体贴人。"同时，良好的书写便于学生记忆，可以帮助学生归纳思维过程。可见，抓好写字教学，对培养学生良好的书写习惯是何等重要！

良好的书写习惯包括认真的书写态度，正确的执笔运笔方法和写字姿势等。由于目前偏重于弘扬个性，有些老师就误认为对

学生的书写提出一定的要求就是教得太死了，随学生怎样学习，怎样写作业都可以，这是一种观念的转变，是贯彻新的课程理念，其实这是完全错误的。教给学生写作业方法，其实从数字清楚，书写整齐、美观到格式正确，都是有规范要求的。学生的做题规范化要求，也是养成良好的思维习惯的具体步骤，用这些外显的操作步骤可以帮助学生内部思维的条理化。例如，高一力学中，对学生的作业要求必须写项目有：研究对象、受力分析、受力图、运动情况分析、画草图。找出物体所对应的运动规律，然后才能列式解题。现在有的学生在做题时要么不打草稿，要么到处打草稿，他们有随意拿出一本书或者本在上面乱写的，有在桌面上写的，有在卷子上写的……这样的书写不仅不能帮助孩子进行有效的思维，更影响我们的教学效率的提高。

因此，培养学生良好的书写习惯至关重要。应注意从以下几方面着手：

①教师的示范作用。教师要把字写得工整、美观、使学生受到潜移默化的影响。

②对学生的书写提出明确的高质量的要求。

③对学生的作业要做适当地评价。批改时除了对正误作评价，还要注重对书写作评价。如"你的字写得真好！""这份作

业写得太漂亮了"等。

（6）培养学生自觉检验的习惯。

检查验算是完成理科题目的一个重要步骤，学生经常出现因没检查不能获得正确的结果，功亏一篑的现象。要培养学生每道题算完以后检查数字、运算符号是否抄错、算式是否合理、结果是否正确、格式是否完整……要让他们养成严格认真、一丝不苟的良好学习习惯。为督促学生，老师要要求他们在做完题后写上"已检查"3个字，这样日积月累潜移默化的提醒，学生自然而然会养成检验、改错的习惯。

没有改错的过程，就不可能从根本消除再次出错的可能。教师抓住培养学生改错的好习惯，可使学生终生受益。每次批改作业凡有错误者，一律扣分，改完错题后再加回所扣的分，平时成绩计入总成绩。大的测验过后，一般要做查漏补缺的工作，教给学生改错的具体程序，找出错误原因。在教给学生学会改错的过程中，凡是期中或平时大测验改错之后，要求学生拿着卷子到教师面前自我陈述一番，经过师生对话找到问题的症结及补救措施，这对于一些"死用功"的学生比较有效。

（7）培养学生善于合作的习惯。

①师生合作。教学过程是师生的双边活动，既有教师的教，又有学生的学，是为了完成既定目标的合作过程。在新理念指导下，教师转变了自己的角色定位，成为学生学习的伙伴、合

作者。

②生生合作。在课堂上，生生两人合作是最基础的。同桌之间在问、说、评、辩的过程中互相交流，各自取长补短、互相促进、共同提高。教师要特别关心那些性格内向的孩子，走到他们身边，鼓励他们参与。让学生习惯于"说想法"。所谓说想法就是说思路、说思维的过程。课上要给每个学生说自己想法的机会，可以个人独自小声说，同位之间练习说，四人小组互相说，等等。通过说，学习思维方法。长此训练，学生就会习惯于说想法。说想法的过程就是训练逻辑思维能力的过程。通过说想法，培养了学生语言的条理性和思维的逻辑性。

③群体合作。学生按不同情况（兴趣、爱好、位置等）组成小组，推选一人为组长，也可轮流担任。根据学习目标主持整个讨论学习过程。一人为记录员，把有价值的答案整理出来。一人为汇报员，主要负责向全班同学汇报学习结果。如，初一年级利用小组学习生字新词时，在各成员逐个读的基础上，再当着小组其他成员的面读。其他同学监督，发现问题及时纠正。这样，有

助于培养学生合作的精神，有利于各成员的共同提高。

3. 认真、独立、按时地完成作业

完成作业是进一步理解，巩固深化所学知识形成技能、技巧的重要环节。实践证明：认真、独立、按时地完成作业，对于培养学生的意志、学习态度乃至成人以后的劳动态度都具有一定的潜在影响。因此，学生应通过不断强化训练，培养学生"态度认真、独立思考、按时完成、有错及时改"地完成作业的习惯，从小逐渐建立起学习的责任感、使命感。

认真、独立、按时地完成作业，是巩固课堂所学内容的切实保证。为了能培养学生完成作业的良好习惯，教师应依据学生的实际情况，从他们的实际水平出发，有效地控制作业的难易程度和数量的多少，使学生经过努力，能够克服困难，愉快地、自觉地坚持按要求完成作业，教师布置作业时，应注意"两严禁""两性"。

两严禁：

（1）严禁作业量过大，机械重复的作业过多，造成学生负担过重，逐渐失去学习兴趣，甚至发展到厌学、逃学等后果。

（2）严禁作业难度过大，学生经过努力，无法独立完成，只能采用各种方法，抄袭作业，应付了事，蒙混过关。长此下去，必然会投机取巧，贻害终生。

两性：

（1）目的性。作业既要使学生巩固所学的基础知识，熟练技能，又要发展学生的逻辑思维，因此，作业应该突出知识点，在

学生的认识转折点上下工夫，提倡少而精。

例如：教学"两位数乘多位数"时，围绕解决用乘数十位上的数去乘被乘数，得到的部分积的书写位置问题，可重点设计以下作业。

把21×43的竖式计算过程写完整，说说乘数十位上的"4"去乘被乘数个位上的"1"，积应写在什么位置上？为什么？

（2）阶梯性：心理学知识告诉我们，人类认识事物总是由简到繁，由易到难，由浅入深的。因此布置作业应遵循这一规律，面向全体学生，照顾大多数，逐步提高要求。

4. 组织课后复习

课后复习是学习之母，搞好复习对于提高教学效率具有十分重要的意义。学习了新的内容后，如果学生能自觉地复习。从记忆规律方面来说，能增强记忆效果，训练记忆能力。从知识巩固来说，学生及时地复习能使知识在头脑中得以强化吸收，利于学生对其他新知识的掌握。心理学研究表明，新学的知识内容在头几天是最快遗忘的，所以，教师必须要求学生做到当天的内容当天复习。要求孩子复习要"趁热打铁"。

研究表明，人的记忆在2~5天遗忘最快。一般来说，在9小时以内，趁着头脑里还有些记忆痕迹时，花10分钟时间复习的效果比在5天或10天后花几个小时的时间复习的效果还要好。许多孩子在听课之后，不管是不是理解和掌握，就埋头做起了作业。教师要要求孩子在听课之后，抽出时间对当天所学的内容像放电影一样，在脑子里过一遍，看看能记起多少，然后翻开笔记，查找漏缺。

教师可以将全班分成若干个学习小组，将优等生、中等生和学习薄弱的同学有机地变成组，由责任心强的学生担任组长，保证每天在校都能将当天所学的内容复习一遍。到一星期结束时，又将本周的内容复习一次，如此定期、有规律地复习，省时又见效。学生在每次课堂作业之前，可先复习然后再应用知识解决实际问题，这样做能使他们对知识进一步的系统掌握并得到巩固。另外，复习要与预习结合起来，养成温故而知新的科学学习习惯。

5. 指导学生根据人体生理规律合理安排学习时间

培养学生科学的学习习惯，在一定意义上来说，是为了提高学习的效率。因此，必须充分利用时间，节约时间。首先要教育学生树立正确的时间价值观。时间是人们工作和学习的基本保证。时间不能制造，不能再生，由于人们对时间的态度不同，时间在每个人身上所表现的价值也就不同。莎士比亚说："放弃时间的人，时间也放弃他。"时间的使用价值是很重要的。作为学校的管理者和教师要及时教育学生珍惜自己的时间，学会科学合理的利用时间来进行学习。学会科学合理地利用时间，要把握以下几点：

（1）把握好4个高潮期。

人体自有自己独特的生理规律，依照规律就事半功倍，反之，则事倍功半。以大脑记忆力为例，人脑的记忆力一天内有4个高潮期。

第一个高潮期：清晨 6 ~ 7 点，大脑已在睡眠中做完了对前一天所输入信息的"整理、编码"。工作暂时没有信息干扰，此时记忆的印缘最清晰。

第二个高潮期：上午 8 ~ 10 点，人体经苏醒后几小时的轻微活动，精力进入旺盛期，大脑处理记忆材料的效率最高，是短期记忆的最佳时间。

第三个高潮：傍晚 6 ~ 8 点，为长期记忆的最佳时间。

最后一个高潮期：晚上 10 ~ 11 点。记忆以后随即入睡，不受新信息的干扰，有利于睡眠对所记忆的材料进行深加工。

至于大脑潜力发挥的时间段，则因人而异。通常可分为 3 大类：一类是早睡早起型，此类人晨精力充沛，思维活跃，灵感频生；另一类是"夜猫子"型，他们一到夜晚，大脑皮层就建立起条件反射的最佳兴奋状态；第三类是混合型，这类人占大多数，大脑潜力发挥的最佳时间段不很明显，一般在上午 10 点和下午 5 点左右较佳。

为此，教师要向学生阐明大脑的生物钟运行规律，让学生根据自身特点"对号入座"，相应调整作息时间，这样才可大大提高学习效率。

（2）学习习惯的"黄金月"与"自然日"

要形成一个习惯，第一个月具有黄金保值。因为这时期，学生的心理处于新鲜状态，生成习惯的心理需求特别强烈，教师要做出

提醒与督促工作。让孩子体味到良好习惯带来的快乐，观察不良现象的产生，及时做好疏导与导向工作。有这样一种说法：一件行为连续重复21次即可成为习惯（一般也以30天为准），成为习惯即可成为自然。在外国还有一句老话叫"改变一种习惯需要21天"，虽然这种说法没有科学依据，而且事实证明，当遇上多年形成的不良习惯需要改变时，往往就像拔一棵树一样，年代越久，根子越深，就越难改变。有一个学生，他写字时手腕要比正常人多转45度，写得又费力又潦草，老师给他纠正，由于他自小抓笔就是这样，已经形成了很习惯的姿势，让他按照正常人的写字姿势来写，他就觉得很痛苦，最后这位学生花了近一个学期的时间才改正了他的写字姿势。这远远超出了那神奇的21天时限。

话虽如此，但如果一个习惯学生能坚持到一个月，我们可以认为他有了这个习惯的心理趋向，这个趋势就好像是一个细小的线。那么我们还需要抓好每一个"自然日"，让习惯成自然。例如查字典，大多数人看书或者写文章，遇上不认识或者不会写的字总是跳过或者找一个意思相近的字来代替。这便是从小没有形成查字典的习惯。所以教师可以要求学生必须随身携带字典，每篇课文在课前都要求学生通过自学给生字标注好拼音，理解其字义。平时写作文遇到不会写的字不能用拼音代，学会向字典请教。一开始，学生们可能都觉得麻烦，老师可以与他们一起查，大家比谁找得快找得准。每次上课，老师都要检查学生的生字预习情况，对于做得比较好的同学都要提出表扬。一个学期下来，学生对于

查字典就会不再觉得麻烦了，反而觉得是一件很自然的事情。

良好的习惯最初形成就如同一条细线，以后的每重复一次，就等于给这条线再绕上一个圈，久而久之，这细小的线终究能成为一根牢不可破的绳索。

6. 引导学生劳逸结合，有张有弛

有不少学生为了延长学习时间拼命压缩自己的休息时间，也有一部分学校围着应试教育的指挥棒转，每天延长学生在校时间，星期六、星期天更是要加班加点。其实，在大力倡导素质教育的今天，虽不是要摒弃刻苦学习的精神，但这种"苦行僧"式的教学习惯对学生身心的发展及长久的学习确是大为不利。要知道，我国现今中小学生睡眠时间普遍不足，这种饮鸩止渴的做法只能导致恶性循环。对此，教师应有正确认识的同时还需要引导学生在紧张的学习中学会调节放松，做到劳逸结合、有张有弛。

如何培养学生这种良好的生活和学习习惯呢？教师可以在日常教学中做以下几点尝试：

（1）引导学生重视上学美术、音乐课，特别是通过一些优秀艺术作品的赏析，提高学生的艺修养，陶冶学生的情操，更令学生在"枯燥"的学习生活中增添了生动的色彩和上学的乐趣。

（2）在保证每周上好体育课的同时，另外指定课余时间给学生进行体育训练。一来可以提高学生的身体素质，二来可缓解学

习压力，使疲劳的大脑得以休整，以充沛的精力重新投入到学习中去。

（3）每周设一节阅读课，向学生推荐健康的书籍报刊，学生从阅读课外书刊中既能放松身心，又能开阔眼界，扩大知识面。

（4）不占用学生的课余时间，让学生得到充分休息和调整。

当然，学生良好学习习惯是多方面的，我们在教学活动中要以科学为依据，要不断学习，提高自己的教育理论水平，更新观念，注重学生个性，帮助他们养成好的学习习惯。

总之，良好学习习惯的培养是非常重要的。一旦养成良好的学习习惯，就能使学生建立起稳定有效的学习模式，使其受益终身。但是，良好学习习惯的养成也是非常困难的。不是好习惯代替坏习惯，就是坏习惯代替好习惯，学生本身就经历着好习惯与坏习惯不断斗争的过程。我们必须明确，没有"人之初"的耕耘，就不会有日后的硕果压枝，因此，只要锲而不舍，良好的学习习惯就必然会逐步形成。良好的学习习惯不是一朝一夕能完成的，但贵在坚持，重在探索，一旦学生良好学习习惯逐渐形成，不管是教师的教，还是学生的学，都会事半功倍而卓有成效。

第六章 家长应帮助孩子养成良好的学习习惯

良好学习习惯的养成是教师、学生、家长、社会等多方面共同努力的结果。家长作为孩子的第一任老师，在配合学校教育过程中，起着至关重要的作用。本章，我们就谈一下，家长在帮助孩子养成良好的学习习惯中应该做的工作。

一、帮助孩子的策略

1. 帮助孩子树立求精取向的归因方式

当孩子在学习上遇到挫折时，家长要让孩子将自己的失败归因于外部不稳定的因素（不够努力或运气不佳），而不是让孩子归因于自己内部的稳定因素（能力不足）。心理学家通过实验证明，诱发无助感的评价方式会使孩子在新任务中将自己的失败归因于能力不足，而求精取向的评价方式则可以将失败归因于努力

不足或运气不佳。求精取向的归因方式可以有效地保护孩子的自尊，使孩子即使在失败的时候也不至于失去继续"战斗"的勇气。需要说明的是，运气不佳的理由可能会使孩子一味地给失败找借口，所以，将失败归因于自己不够努力，是一种比较可取的归因训练方法。

当孩子成绩优秀时家长自然会提出表扬，但也要注意表扬的方式。成绩优秀常受到表扬的孩子（如你真聪明），他们面对新任务时更注重成绩目标，而非学习过程。有些孩子为了获得优秀的成绩以换取家长的表扬，可能会对家长"报喜不报忧"，这种以目标为导向的学习态度，在面临失败时也可能会导致孩子的放弃和无助。所以，家长应向孩子强调，学习成绩固然重要，但学习的过程更加重要，学习的目的关键是看孩子掌握了哪些知识，而不应一味地注重考试分数。有研究者发现，过程导向的表扬（对孩子形成和发现好的问题解决策略的努力加以赞许）会激发并维持孩子强烈的学习动机，在面临新任务时，他们会意识到重要的是对任务的解决，而并非展现自己是多么的聪明。如果在解决新问题时遭遇失败，孩子要做的是寻找新的解决方法，并努力坚持以解决难题。

2. 帮助孩子设定科学的人生规划

对孩子的人生规划贯穿学生的一生。在信息冲撞如此激烈的现代社会，家长应多了解一些信息，多看一些教育孩子的书

籍，在孩子幼年、少年这些成长的关键时期，帮助孩子对自己的性格特点、爱好进行分析，给出最有力有效的指导，避免浪费孩子宝贵的年华。事实上，多数人获得事业成功都有其规律性，那种不规划、不设计、不训练而成才成功的人，只是很例外的"天才"或幸运者，并不能形成定理，更不能拿来麻痹自己的孩子，以致影响孩子前途，也不能作为学习、模仿和参考的依据，只能作为故事和传奇来消遣。在当今日益规范化的社会里，孩子们需要走的是科学的、有规律可循的人生道路。

"冰冻三尺，非一日之寒"，有了科学的人生设计，需要家长从点滴小事配合，使之达到"最好"，使孩子获得自我认识意义上的成功。在这个基础上，就像俗话所说的"机遇偏向有准备的人"，机遇的眷顾将会使人生更加辉煌。人生规划确实改变了人生，创造了许多奇迹，使很多普通孩子，最终走向令他们的父母引以为傲的成功。

3. 家长要做到"四坚"

一要坚决。汽车在启动时，所要克服的阻力比它开动后所要克服的阻力大得多。学习习惯的改变与养成也是这样。因而，家长在养成孩子一种好习惯或改变一种坏习惯时，必须一开始就施以坚决强烈的力量，越坚决越好，越强烈越好。

二要坚持。心理学告诉我们：新的条件反射形成的暂时神经联系，在成长"定型"之前，总是不稳定的；而旧的条件反射形成的神经联系"定型"在彻底瓦解前，又总具有某些回归的本能。因而，学习习惯的养成与改变，在取得彻底胜利之前，不能有丝毫的懈怠。一直坚持到坏习惯土崩瓦解，好习惯根深蒂固的时候为止。

三要坚定。家长帮助孩子制定目标，坚定不移地推进。每个朝向目标的行动，都得当机立断，短期目标达到以后，可以回顾所取得的"成果"，再订下一步目标，以利再战。还要预防反复的发生。

四要坚硬。家长应告诫孩子学习习惯的改变与养成，实际是用意志战胜惰性，战胜"旧我"实现"新我"的过程，说通俗点就是自己同自己作对。"理智的强者善于同自己作对"，做理智的强者，勇于战胜自己，用坚硬的态度和理智去终止原有的条件反射，建立新的条件反射。只有这样，才能养成良好的学习习惯。

4. 鼓励孩子异想天开

"想象比知识更加重要。知识是有限的，而想象能够拥抱整个世界"。尊重孩子，首先应是尊重孩子的天性。他们从小喜欢在好奇的心态下学习，在探索中学习，在游戏中学习。思想活跃的孩子更善于幻想和虚构。有的父母认为孩子在瞎想瞎说，或者令人费解。而绝大部分想象力，就这样在孩子幼年时期就被扼杀了。父母应当对孩子的想象力加以鼓励，表示支持，引导孩子向正确的方向继续大胆想象。

想象力这份心理资源，是每个孩子天生都拥有的。父母和社会的责任，在于帮助孩子把他们从小受到扼制，受到禁锢的想象

力的大门打开。使每个孩子都可以享受到把自己的想象力之门打开之后所感受到的乐趣和收益。想象力不是生来就有的，需要在生活的点点滴滴中培养。

（1）父母可以多让孩子参加有创造性的游戏。游戏是孩子的主要活动，父母可以在孩子游戏时鼓励他们提出游戏的主题和内容，如果形成了习惯，孩子的想象能力就会得到迅速提高。

（2）多给孩子讲童话故事。童话故事适合孩子想象的特点，经常听童话故事的孩子其想象能力比不听、少听童话故事的孩子要丰富得多。最主要的是父母讲完后，让孩子马上复述。孩子可能在复述中有添枝加叶的地方，只要主题大意不变，父母就应该鼓励。千万不要泼冷水，以免挫伤孩子想象的积极性。

（3）让孩子进行"情景描述"。父母可以经常和孩子做这样

的游戏。例如，父母说："这是一个下雪天，想想看是什么样子?"孩子根据他的想象进行描述。反过来，孩子也可以问父母："这是一个下雨天，想想看是什么样子?"此时父母应尽量认真细致地描述一番，从中给孩子一些启发，诸如此类的问题有许多。

（4）通过生活事件培养想象力。假定生活中遇到这样那样的困难，让孩子自己想办法解决，并鼓励孩子尽量多想一些办法。这些问题就是激发孩子想象的很好的动力。父母应充分利用他们诱导孩子去想象。例如，"行路时遇到一片水洼，你该怎么办?"孩子可能会想：放上几块砖或垫上木板就能过去，也可以用土填平，还可以绕道而行等。总之，最好把所有可能解决问题的办法都想到。

总之，家长应教育孩子最重要的是有坚定的信心、顽强的热心和坚韧的毅力。孩子养成了良好的学习习惯，他就能在学习中取得了不起的进步。

小故事大智慧

案例：刚上第一节课，小亮的妈妈又来给他送文具了。这已经数不清是第几次了。小亮的妈妈经常向老师抱怨：小亮在家里总是玩够了才写作业，并且一会儿上厕所，一会儿喝水，一会儿削铅笔，一会儿找橡皮；自己的东西到处乱丢，经常找不到所需的文具；从不提前整理书包，结果每天匆匆忙忙，不是丢这个就是忘那个。老师也常向小亮的妈妈反映情况：小亮上课总是小动作不断，咬铅笔，玩橡皮；写作业时磨磨蹭蹭，总得别人提醒；下课只顾玩，上下一节课时什么也没准备，手忙脚乱……

案例2：宁宁已经是三年级的学生了，个子长得也高，俨然像个小大人。但是，他做作业却从来有始无终。他完成作业的最后情况经常是这样的：匆匆忙忙地、飞快地将作业写完，不管对错，将铅笔往桌子上一扔，像脱离魔鬼一样，迅速地离开书桌，跑向电视机前或奔向门外。书桌上，满摊着他的作业本、练习册、课本以及铅笔、橡皮。通常是宁宁的妈妈，先将书桌整理清楚，将他的课本、铅笔盒等一一放入书包，然后再认真地将他的作业从头到尾检查一遍，用铅笔将错误的地方勾画出来（通常总会有错误，而且不会太少），再将孩子叫回来改正。对于妈妈指出的错误，宁宁想都不想，也不问为什么错了，拿起笔就改。时常，改过的作业还是错的。当他再被叫来改错时，他就会不耐烦，大声嚷嚷着："你说应该怎么做?"

案例3：静静学习成绩并不出色，妈妈认为她学习不好的原因是干什么事总是磨蹭，该急的时候也不急，起床浪费时间，写作业半小时能完成的，她能磨2个小时，妈妈为此说过她，要她珍惜时间。可她总是"左耳进，右耳出"。

不少孩子有这样一种毛病，他们上课时面朝着讲台，心思则一会儿飞到这儿，一会儿飞到那儿，这就是人们常说的"走神"，心理学上叫做"注意力不集中"。一些家长也经常抱怨说："我这孩子并不比别的孩子笨，可就是没耐性，就知道玩，做事总是虎头蛇尾，半途而废。"

其实孩子们的这些表现都源于不良的学习习惯。良好的学习习惯，是学习活动顺利进行的保证。如果一个孩子只顾贪玩而没有养成良好的学习习惯，这个孩子的学习是不可想象的。没有良好学习习惯的孩子，不仅容易贪玩，而且学习成绩也一定不会好。但是，只要善于对孩子进行耐心的帮助和积极的引导，孩子不良的学习习惯是可以消除的。

二、家长需要做些什么

1. 给孩子制订学习规范

父母要针对孩子的实际帮助制订具体的家庭学习规范，可以设计一个时间表，每天安排固定的时间让孩子复习、预习功课，完成作业等，一定要和孩子一起制订，充分听取孩子的意见。在制订学习计划时，一定要留有余地，要充分地考虑到给孩子玩的时间。只要完成好规定的学习任务，就让孩子尽情地玩。

2. 严格执行规范要求

规范制定后就不要轻易改变，关键是落实。计划制订好以后，如何严格执行计划是计划能否成功的关键，家长要带头遵守，不能在孩子已经完成计划的情况下，又节外生枝、得寸进尺。

同时，家长也要督促孩子遵守计划。当然，这个过程会有反复，刚开始几天孩子可能还有点新鲜感，会认真遵守，可一段时间后往往会出现厌烦的情绪。这时候家长就要有充分的耐心，给孩子明确学习的目的。学习目的的教育应该联系孩子的实际，坚持耐心细致的正面教育，通过生动形象、富有感染力的事例，采用多种多样的形式，把学习目的与生活目的联系起来，这样才可

中小学生学习习惯的养成

以收到良好的效果。例如，有的孩子在学跳舞，她不喜欢舞蹈基本功练习，吃不了这个苦，但是她对学习舞蹈可以参加各种演出表演活动的结果感兴趣，这种兴趣可以促使孩子去从事基本功练习的活动。所以，家长们既要充分利用孩子的直接兴趣，激发其勤奋学习，更要通过学习目的教育来提高孩子的间接兴趣。

计划要严格执行下去，习惯是在不断重复中逐渐养成的一种比较稳定的行为倾向。因此，培养孩子良好习惯绝不是一朝一夕的事。作为家长不能想起来就要求一下，想不起来又听之任之，要始终如一，持之以恒，日复一日地进行训练，使孩子养成良好习惯。挺过这个阶段，以后一定会轻松很多，从而使孩子在家的学习活动有计划、有规律，逐步养成习惯。父母要勤讲，要求孩子严格按照规范执行，并且长期坚持下去，要尽量讲清楚为什么这样做的道理，使孩子愿意遵守规范，乐于执行有关要求。

过分督促孩子是不妥当的，有的家长生怕孩子落后，孩子动作慢了一点，忍不住要催促。孩子做作业，忍不住要去指指点点；成绩差了几分，少不了要警告几句。认为督促孩子愈多，孩子进步就会愈快。其实这样的结果往往事与愿违。为什么呢？

（1）老是被人督促着学习，孩子就非常被动，时间长了，就失去了学习主动性。适当的提醒、督促是必要的，但督促最终是为了孩子自己主动去学习，所以督促只能适当，而且要讲究方法。比如孩子玩得久了，家长可以说："你准备什么时候做作业呢？"提醒孩子学习要自己安排，如果家长每天老是命令说："该

做作业了，不要玩了！"这就使孩子没有了主动。

（2）督促孩子学习切忌唠叨，切忌大事小事都要干涉。在家长的絮絮叨叨、指责数落中，孩子绝不可能有积极愉快上进的情绪，很难进行主动积极的思考。家长的唠叨，不停的催促、训斥，使家庭气氛紧张，使孩子紧张，无法获得宽松宁静，影响学习。做家长学会长话短说，不必要的话不说。

3. 多关心、了解孩子的学习情况

父母每天应抽出一定时间询问孩子的学习，了解孩子应该在家里完成的学习任务，热情帮助孩子在学习中遇到的困难和问题，使孩子感受到你时刻在关心他的学习。家长如果希望孩子对学习有兴趣，就一定要经常和孩子交流。父母多和孩子谈论知识的乐趣，孩子就能学得更容易、更轻松。家长应充分利用孩子的好奇心来激发孩子的学习兴趣。有的孩子爱不停问"为什么"，家长若对孩子采取冷淡、不理睬的态度，就会损害孩子智慧幼芽的生长，挫伤他们求知的积极性。

另外，对孩子的提问要积极回答，如果不会则可告诉他弄明白后再告诉他，但是说到要做到，切不可敷衍了事，这样会戳伤孩子的积极性和好奇心。当孩子对某一科目失去兴趣，再继续学习就等于是承担非常大的痛苦。这时，父母一定要帮孩子分担痛苦，让孩子知道，爸爸妈妈在陪着他努力，一起寻找出路，共同想办法，重新找回失去的兴趣。

4. 为孩子创设良好的学习条件

学习是一项艰苦的脑力劳动，需要踏实、专心，最忌讳浮

躁、脑力不集中。一个孩子在家里学习的时候，必须"入境""入静"，即做到目的明确、思想集中、心里踏实、适度紧张。一坐到书桌前，先想一想要干几件事，安排好先干什么后干什么，避免忙忙乱乱，自己给自己造成不踏实。每干一件事，就全力以赴，不想其他，而且保持适度的紧张感，提高学习效率。要达到这样的境界，需要家长与孩子共同努力，家长起引导作用。越是年龄小的孩子，越需要家长多下工夫。为此家长要千方百计让家里的环境适合孩子学习，有几个方面应该做到。

（1）给孩子预备固定的学习桌椅，桌椅的位置不能乱动。学习最忌讳"打游击"，一会儿在这里写作业，一会儿又哄到别处去。桌椅固定，孩子容易形成专心学习的心理定势，一进入这个环境，脑子就进入学习状态。不知家长们听没听过马克思在大英图书馆读书的故事，为什么他每天固定在一个座位上？就是为了更专心读书学习，时间长了，脚下的地板磨出了凹沟。

另外，桌子上不能乱七八糟地放东西，应整齐地放课本、作业本、文具以及必要的工具书，旁边有一个小书架、书箱更好。桌子上和桌子旁边绝不要放玩具、零食，以免干扰学习。

（2）房间布置要适合孩子学习。孩子的房间布置应简洁、明快，摆放物品不能太多太杂。墙壁以淡色为好，不要贴、挂很多东西，应该有一条关于学习的格言或座右铭，最好由孩子自己选择。有的家长让孩子从自己的实际出发，自己编写格言、警句，抄好贴在墙上，这个办法可以借鉴。房间的布置适当考虑孩子的个性特点。比如有的孩子特别好动，房间就应减少大红大绿、花色斑驳的东西，以免助长不稳定的情绪。有的孩子过于内向、沉闷，房间的布置反而需要热烈、活泼一些。

（3）在孩子学习时保持安静的环境。孩子学习时，家人尽量保持安静，电视、收音机最好不开，如果在不同的房间，应把门关好，声音调小。说话不应大声，尤其不要吵架。

（4）家里人最好有共同学习的时间。条件允许，每天晚上几点到几点，全家人都同时学习，有的读书，有的看报刊，有的写东西。这样的家庭气氛最能促进孩子专心学习。

此外，还要创造适合孩子学习的心理气氛。这主要是人际环境问题。长辈与长辈之间、长辈与晚辈之间互相关心，亲密融洽，是孩子"入境""入静"的重要条件。有家长认为，要求孩子好好学习必须经常说很多道理，其实不是这样，家庭教育要注意养成，注重潜移默化，孩子良好的学习习惯依靠一次次地重复以成自然。浓厚的学习兴趣依靠一点一滴培养起来，令人乏味的说教会破坏适宜学习的气氛，所以家长要学会说短话，保持正常的家庭气氛，让孩子感到平和、宁静、有安全感。

严厉的气氛并不适宜大脑思考，学习是大脑的活动，大脑如果处于恐惧和惊惶之中，是不可能出现积极状态的，用脑需要宽松的环境。有的家长在孩子做作业时，守在一旁，孩子稍稍做错了一点，就厉声训

斥，甚至一耳光打过去。这种紧张的气氛使孩子恐惧，大脑的思考被严重抑制、扰乱，严重妨碍孩子的学习。另外，家庭人际关系如果不和谐，矛盾重重，甚至吵吵闹闹，对孩子就成为一种心理干扰、情绪压力，孩子会产生焦虑、恐惧、厌烦等心态，无法安心学习。

5. 以身作则，给孩子做榜样

模仿是加强学习习惯培养的一个重要途径。对孩子来说，能否引起模仿，取决于父母或其他家庭成员的表现。只有肥沃的土壤才能长出好庄稼，只有良好的家庭环境才可能培养出智力优秀、聪明活泼的孩子。因此孩子学习时，父母和其他家庭成员应以身作则，自觉学习，如读书、看报等，能与孩子一起讨论问题，共同学习则更好。可以用孩子考家长，家长考孩子的方式，安排一个时间，全家人坐下来，就某一方面的问题孩子和家长互相考一考。内容应事先定好，大家有所准备，谁提出问题，自己必须有准确答案。用此办法来调动孩子的积极性。大人不应该一方面要求孩子专心学习，另一方面自己又在起劲地玩扑克、看电视、猜拳行令等。这样既会分散孩子的注意力，又给孩子的过失留有借口：你都没做好凭什么严格要求我，使习惯培养为空话。

6. 耐心说服指导

由于青少年自制力差，常常会不由自主地违反行为规范，因此碰到孩子不按要求去做时千万不能急躁、放弃或放任自流，更不能讽刺或打骂孩子；要坚持正面引导，多表扬、少批评，晓之以理，持之以恒。

对孩子的教育主要是说服教育，它是最经常、最广泛、最简便易行的一种方法。说服教育虽然运用方便，但容易变成简单说教，所以家长要特别注意艺术性，要针对孩子的年龄特点采取形象生动的描绘，切忌讲抽象概念及空道理。

教育前，家长最好稍作一些准备，即事先备好课：这次讲什么内容；达到什么目的；选择哪些事例；引用什么格言谚语；如何讲得有感染力；如何讲得有吸引力；如何具有鼓动性；如何具有知识性；如何具有趣味性；如何具有针对性；如何具有哲理性；如何具有思想性，等等。

对于这些内容，家长可以采取一事一议的办法，每次讲一个故事，说明一个道理。切忌低水平的平庸说教，切忌空话、大话、套话。孩子们最反对的就是那些讲"冷冰冰的真理"和"空洞干瘪的说教"。现在，他们看了很多电视、电影、书报、杂志，那里用的都是经过艺术加工的语言。如果我们再用"白开水式"的话来教育他们，他们会很反感、很不爱听，所以我们的话要生动形象，要有吸引力，一定要锤炼自己的语言，以提高说服教育的实效性。

7. 善于客观评估

好孩子是表扬出来的，那么，好习惯也是表扬出来的。在帮助孩子养成良好学习习惯过程中，父母要仔细观察，善于发现孩

子点滴的进步，并及时加以鼓励。通过正面评价促进孩子良好习惯的养成。对做得不够的，也应实事求是地指出努力的方向和方法，使孩子学会严格要求自己，不断强化正确的习惯。孩子很重视父母的态度，学习对他来讲是一种非常大的付出，多数孩子在努力的时候，都希望看到父母满意的笑容，希望得到鼓励。每个孩子都有孝心，知道父母养大自己不容易，往往会把努力学习看成是对父母的一种报答。如果自己的努力不能换来父母真心的喜悦，他们就会觉得自己的努力不值得。

下面，我们来看一个案例：

小明是小学五年级的学生，有个不好的习惯；写作业拖拖拉拉。明明是快则半小时、慢则一小时的功课，他每天都能写 3 小时以上。母亲很伤脑筋。小明的外公是教师，暑假的时候给小明补课发现小明的反应很快，但是不专心，往往写几分钟就起来东走西走，每小时至少五六次以上。就这样，一小时的时间差不多一半用在了闲逛上面，难怪要用那么长时间完成功课。为此，母亲想出了各种办法，专门抽出时间陪小明写作业。可是小明每写几个字必须围着屋子溜达一圈，即使有时候在母亲的强压下不能起身，勉强埋头写作业，可是只要母亲一离开房间，小明立刻我行我素。再者，母亲不能每天都专门陪读，所以小明的毛病一直没有改进。

小明写作业，已经长期养成不能专心的习惯，要他写作业时不起来走动实在不容易。儿童的不良行为，若是属于初犯，可以运用忽视、不直接作反应的方法来削弱。但事实上，真正初犯就被注意到的不良行为很少，多数是出现好多次以后才被发觉。这些长期塑造而成为的行为，父母或老师发现、求助的时候，已经相当牢固。可是一般父母或老师往往忽略这项关键因素，恨不得马上改善。因此，会把儿童所要改善的不良行为的标准定得很高、很严格、很硬性，疾恶如仇，半点也不通融，形成双方对立的尖锐形势。在面临此种情境时，运用区别强化的策略非常有效。为此，母亲制定了如下方案：

（1）母亲与小明约法三章，如果小明写作业时，每小时能减到 3 次之内的离座次数，就可以允许看电视，否则就禁止看 6 点钟的动画片（因为 6 点钟的动画片对小明非常有吸引力，是小明每天的必修项目。）结果第一星期有 3 天达到标准，3 星期以后可以完全做到。

（2）等小明能完全做到每个小时离座不超过 3 次的标准时，再把标准依次提高到 2 次、1 次。就这样，3 个月以后，小明终于改掉了写作业拖拉的习惯。

8. 培养孩子的观察力

科学研究告诉我们，人的大脑所获得的信息，有 80% ~ 90% 是通过眼睛和耳朵吸收进来的。因此，有人说：观察是智力活动的门户。任何一个人，如果没有较强的观察力，他的智力很难达到高水平。著名生物学家达尔文说过："我既没有突出的理解力，也没有过人的机智，只是在观察那些稍纵即逝的事物并对其进行精细观察的能力上，我可在中人之上。"俄国生物学家巴甫洛夫在他实验室的墙上，写着醒目的6个大字："观察，观察，观察！"

观察力是什么呢？是指人通过眼、耳、鼻、舌、身感知客观事物的能力。观察，是人的有目的、有计划的感知活动，不是盲目的、随意的。人学习知识的过程，从观察开始。如果学习自然科学知识，就要在自然条件下或在实验室里，认真观察具体的事物，观察各种自然现象、实验规律等等，从而获得自然科学知识。如果学习社会知识，就要观察社会生活获得自然科学知识。如果学习社会知识，就要观察社会生活和各种社会现象，了解人的复杂的社会关系和社会发展的规律，从而获得社会科学知识。即使是间接地从书本上获得知识，也离不开眼睛、耳朵等感官的观察活动。要提高孩子的学习成绩，发展他的智力，不提高他的观察力是不行的。前苏联教育家赞可夫曾经明确指出，学生学习成绩落后的原因纵然是复杂的，但普遍的特点之一是观察力差。

提高孩子的观察力，既是教师的任务，也是家长的任务。家长应该怎样做呢？

（1）指导孩子明确观察目的，养成观察习惯。

明确观察目的，包含两层意思：一层是教育孩子在心里树立观察的意识，认清观察对于发展自身智能的好处；另一层是教育孩子在观察任何事物时，都要有明确的目的，即观察什么，为什么观察。

在家里或外出，可以随时确定一种观察对象，进行有目的的观察。比如，观察一件工艺品的形态、颜色、特点、制作水平；观察做饭、做菜的全过程；观察山水、树木、花草；观察一座建筑……为了提高观察效果，还可以边观察边用语言描述。家长与孩子还可以互相评议，看看观察得仔细不仔细，描述得逼真不逼真。如能经常这样做，定会提高孩子的观察力。

（2）培养孩子有计划地观察事物。

观察活动有内容繁简、范围大小、时间长短的分别，但都需要有计划地进行。没有计划，效果不好，不利于提高观察的能力。观察有计划，是指在观察活动开始之前，先定好观察的目的。多少米，怎么淘，放多少水，大火烧多长时间，小火焖多长时间。先是观察父母怎样做，然后自己一边学着帮，一边观察。学会了做饭，也提高了观察力。

有的家长支持、鼓励孩子自己种一盆花或其他植物，每天观察其变化，有的还写观察日记，不断给以指导。这样的观察活动，既有兴趣，又有丰富的内容，效果很好。

（3）指导孩子学会观察的方法。

古诗云"横看成岭侧成峰"，从不同角度观察事物，会获得不同的信息和感受。因此，观察事物必须掌握不同的方法。

常用的观察方法有：全面观察和重点观察；在自然状态下观察和实验中观察；长期观察，短期观察，定期观察；正面观察和侧面观察；直接观察和间接观察；解剖（或分解）观察，比较观

察；有记录观察和无记录观察，等等。观察不同的对象，出于不同的目的，应事先考虑用什么样的观察方法。有时候，需要几种方法配合使用。

（4）指导孩子遵循感知规律进行观察。

观察事物是为了认识事物，感知是认识的第一步。而感知是有规律的，应该遵循规律去进行观察。

强度律：观察的对象必须达到一定的强度，才能观察得清晰、准确。因此，在观察前，对有可能提高强度的事物，应采取措施提高其强度。比如，观察人的肌肉，绷紧时看得最清楚；观察蒸气的特点，水壶里的水要满到一定程度，效果才好。

差异律：被观察的对象与背景反差越大，观察效果越好。因此，要设法增加观察对象与背景之间的差异。比如，观察一种昆虫的形态、颜色，把它放在反差大的纸上，效果就会好。

对比律：两个显著不同甚至对立的事物容易观察，因而在观察中把具有对比意义的材料放在一起观察效果好。比如，两种不同的苹果放在一起，比较形状、颜色、大小，再通过品尝比较味道。

活动律：运动中的对象容易吸引人的注意，运动中的情况与静止状态有所不同。因此，观察某些事物，既观察静止的情况，又要看活动中的情况。比如，观察一个人，就应将静止状态与活动状态结合起来观察。

组合律：把有关联的事物组合起来观察，既能把握整体情况，又能把握具体情况。比如观察一间房屋的布置，观察一个人的服饰就应该组合起来观察。

协同律：观察任何事物都需要人的不同感官的协同配合才能收到好的效果。

9. 帮助孩子克服磨蹭、马虎的坏习惯

磨蹭、马虎是孩子在学习中常见的毛病。两种现象的产生都有一个形成过程，不是哪一天突然磨蹭或突然马虎的。教育者教育方法不当是其形成的重要因素。磨蹭与马虎表现不同，具体原因和矫治方法也不尽相同，我们分别加以探讨。

孩子学习磨蹭有几种情况：一种是学习兴趣低落，硬着头皮应付，疲沓无奈，能拖就拖，缺乏自信，不负责任；第二种"慢性子"，行动迟缓，慢条斯理，紧张不起来，任你着急催促，依然故我；第三种是缺乏时间观念、效率观念，不知道时间对人生的重要意义。因此，矫治磨蹭要视不同情况，对症下药。第一种情况要在激发学习兴趣、增强自信、提高责任心上下工夫，家长可参考本书中有关培养兴趣等专题采取教育措施；第二三种情况要在专时专用、提高学习效率上努力。以下几种方法供家长参考：

（1）联系生活、学习实际，跟孩子讨论磨蹭的害处，使孩子认识到"时间就是生命，时间就是财富"的基本道理。在充满竞争的现代社会中，磨磨蹭蹭不讲效率的人就会被淘汰，就会生活艰难。磨蹭的坏习惯，有害终生。

（2）加强专时专用、提高效率的训练。帮助孩子确定每次学习的时间、任务、目标要求，到时完成，评价结果。每次学习，

都把三者结合起来。要根据孩子的年龄特点和个性特点，三者的要求有所区别。要让孩子尝到提高效率、增加玩乐时间的甜头。

（3）增加计时性活动。孩子磨蹭，不光在学习中表现出来，也反映在生活的各个方面，如穿衣、吃饭、收拾书包文具、洗衣物等。因此，克服磨蹭毛病，需从不同角度入手。从孩子实际表现出发，增加计时性活动是可行的方法。做某件事情，需要多长时间，事先设定，然后以最快速度保质保量地进行。事后家长与孩子一起评价，调整要求，下一次做得更好。对低龄的孩子，如果家长跟孩子一起进行计时阅读、计时记忆、计时答题、计时劳动的小竞赛，会有更好的效果。

（4）让自己孩子跟讲效率的孩子一起学习、游戏，发挥孩子之间的影响作用。可以事先与讲效率孩子的家长联系，请家长给孩子提出更高的要求，在学习和游戏的过程中带动磨蹭的孩子。

孩子马虎毛病的形成，有3个基本原因：一是年幼时的马虎现象没有及时纠正，形成定势；二是责任心不强，应付的成分太多，缺乏真正的责任意识；三是功课太多、作业太多，不快做做不完，于是忙忙叨叨，丢三落四，错误迭出。矫治马虎，可以采取以下方法：

（1）以生活实例，让孩子认识速度、质量与效益之间的关系，认识马虎可能带来什么样的恶果。如果有亲友从事精密、细致的工作，不妨带孩子去看看他们的工作情况，请亲友现身说法，会给孩子思想以较大影响。在科技事业中，也有大量的实证材料。

（2）指导孩子形成自我检查学习效果的习惯。有些孩子马虎导致的作业错误，常常由爸爸妈妈或其他长辈给检查出来、指正。这种方法对克服马虎的毛病不但没有好处，还可能导致孩子的依赖心理而更加马虎。正确的做法是指导孩子自己检查、验证学习效果。家长的检查在孩子检查之后，不要具体指出错误，而是划定出错范围，让孩子自己查证。特别要培养一次做对的习惯。

（3）指导孩子自己制订惩罚马虎的措施。比如，由于马虎，作业或考试出了问题，取消某项外出游玩的计划，取消一次看电视或电影的娱乐活动；也可以罚自己背诵两段有关讲认真、不马虎的格言、名言、谚语，或者学讲一个有关的故事。

（4）进行"细活儿"训练。学习、生活中有许多"细活儿"，不认真绝对做不好。对于马虎的孩子，通过干"细活儿"，可以克服他的毛病。例如，写正楷字，画工笔画，缝衣服扣子，淘米，挑沙子，择洗蔬菜，计算水电费，动脑筋游戏等等。让孩子有目的地去选这类事情干，经常训练，就会越来越细心。

10. 不陪孩子写作业

家长陪孩子学习的时间越长，扮演的角色越接近监工。而孩子从骨子里是不喜欢一个监工的，他最多表面上暂时屈从他，内心绝不会听他的话。所以说，陪孩子写作业，不是培养孩子的好习惯，而是在瓦解好习惯，是对孩子自制力的日渐磨损。家长应

该记住这一条：在培养习惯的过程中，如果总是制造孩子的主动性和成就感，他就会在这方面形成一个好的习惯；如果经常让孩子有不自由感和内疚感，他就会在这方面形成坏习惯。一个人，首先是个自由的人，才可能成为一个自觉的人。"习惯的重要性并不止于习惯的执行和动作方面，习惯还指培养理智的和情感的倾向，以及增加动作的轻松、经济和效率。""陪"所制造的习惯，只是肢体上的；"不陪"才给孩子留下了让习惯在内心生长的空间。"陪"与其说在帮助孩子，不如说是在给他制造麻烦。

许多看起来确实需要有人陪着学习的孩子，没人陪就一点儿都坐不住，甚至是孩子自己提出要求，希望家长陪着写作业。但这个事情不能孤立地去看，需要家长陪着写作业，这绝不是孩子的天性需求，也不是一个正常要求，这只说明他已养成一个坏习惯。他学习成长中遇到的一系列的摩擦和挫折，已造成了他不会管理自己，造成他内心的无力感和无助感。他对自我管理极为不自信，只好求助于外部力量约束自己。事实上，他的内心是反抗这种"陪"的，所以即使有家长在身边，他也不可能真正把心思放到学习上。

这种情况，家长可以陪孩子一段时间，但一定要想办法从中抽身。不抽身，孩子的独立性将总也不能生成，那么他会越来越苦恼，越来越不自觉，"陪"的效果也将越来越小。同时家长一定要反思自己在过去时间里对孩子的教育哪里出了错误，这种反思也将决定你如何抽身，决定你的帮助是否能对孩子有正面作用。

抽身的原则：第一要有耐心，不要急于求成；第二要在整个

过程中尽量制造孩子的愉悦感和成就感，哪怕他开始做得不好，也绝不要制造他的内疚感和失败感。你在抽身之前要让孩子学会自己站立，否则他只能再一次摔倒，且摔得更惨。

前苏联教育家苏霍姆林斯基认为，如果一个人在童年时期就体验过克服自己弱点的满足，那么他就会以批判的态度看待自己。正是从这一点上，开始一个人的自我认识。没有自我认识，就既不可能有自我教育，也不可能有自我纪律。一个年纪幼小的人，不论他把"懒惰是不好的"这句话记得多么牢，理解得多么清楚，但是如果这种情感没有迫使他在实际行动中管住自己，那么他就永远不会成为一个意志坚强的人。

11. 培养喜爱读书的习惯

培养喜爱读书的习惯对于低年级的学生来说尤其重要，低年级课文文字美，浅显易懂，读起来朗朗上口，是孩子积累语言学习说话的好范文。家长就引导孩子多读课文，不仅要读通、读懂，还要读出表情来。有时还可以让孩子当当小老师，给家长讲讲课文的内容。有的家长因孩子背不出课文而伤脑筋，如果孩子养成了读课文的习惯，就不会有此苦恼了。建议家长鼓励孩子放声读课文。除了读好课本，家长还应做有心人，买些孩子爱看易看的带拼音的课外读物。如果孩子读不懂，家长可和孩子一起读，互相探讨吸收知识，有的家长认为要成绩好，只要把课本读好就行了，因而孩子在完成了老师布置作业后仍让孩子一个劲抄课文。要知道，凡是学习成绩优秀的孩子，课外知识也是相当丰富的。课内课外相互促进，有益于孩子的成长。对此，家长可以从以下几点做起：

（1）营造良好的读书氛围。家长可在家中为孩子设立专门的小书架，让他有自己的读书角；家长是孩子的榜样，爸爸、妈妈喜欢读书，也会在潜移默化中影响到他。

（2）与孩子同读一本书。爸爸、妈妈还可以与他一起读书，在读书的同时，孩子也会感受到温暖的亲情，让孩子体会到读书是一件快乐的幸福的事。

（3）家长在与孩子共同读书的同时，也可以与孩子交流读书的体会。这样的交流方式既可以增进孩子的了解，培养孩子阅读表达的能力，又让孩子可以与人分享读书的快乐，让他从读书中得到更多的乐趣。

（4）另外，建议家长让孩子自己挑选感兴趣的书籍，兴趣是做好一件事巨大的动力，有了这个动力相信孩子会越来越喜欢读书。

12. 培养孩子主动学习的习惯

美国的研究生课程中，读文献是重头戏。发展快一点的学科，如生物，研究生课程常常没有教科书，只有文献，甚至像听科学报告一样，十几位老师轮流转，每个老师讲他那一方向的科研，留一堆令人

头痛的文献。美国教育体制似乎并不在乎给学生指定"牛屎"文章请学生分析，让学生上大当，让学生明白，即使是科学，也有不完美的地方和撒谎的地方。在美国，一个好的研究生不光要做好项目，还要会看文章、能拿主意、懂得究竟为什么要做这个项目，并能放眼未来。而一个研究生如果只是被动地读导师指定的文献，他不会成为一个真正的科学家，最多只能成为一个科学上的勤勤恳恳的跟屁虫。

由此可见，所谓的主动的学习其实就是一个主动探索的过程，不是被动地接受书本知识，而是独立地进行研究和分析，得出自己的结论。所以，要想让你的孩子取得更好的成绩，一定要培养他的主动探索、主动学习的能力。主动就是做学问。

具体到中国的实际情况，虽然学校不能给孩子安排很多独立探索的机会，但家长可以根据教学内容，针对自己孩子的弱点，给他设计一些需要独立完成的项目。这不光能帮助他更好地掌握课程内知识，更有助于他对知识的融会贯通，从而提高学习的兴趣。家长可以按以下几点去做：

（1）家庭所有的成员都努力培养主动学习的习惯。想让孩子更主动地学习，父母首先要做出榜样，可以学外语，可以学有关的专业知识，也可以学其他的谋生技能。当家里有了学习的气氛，孩子也会受到不知不觉的影响，大大增强学习的主动性。

（2）让孩子主动处理自己的生活。孩子的生活可以交给他自己去处理，父母在旁边观察，并进行适当的引导。这有助于培养

孩子的自立能力，遇到问题自己解决。父母的引导能帮助孩子改掉自己的坏习惯，这对于主动学习也是非常重要的。

（3）把学习的主动权交给孩子。想让孩子主动学习，首先要把学习的主动权交给孩子。父母可以和孩子平静地讨论，让孩子为自己的学习制订计划，父母只要监督就可以了。几天后，大家一起讨论计划的执行情况和改进方案，这能让孩子觉得，学习是自己的事。

（4）当孩子遇到挫折和障碍，帮孩子一起克服。孩子遇到挫折，第一个反应就是"我笨""我不行"，必须改变这种看法。要让孩子懂得，主动学习首先就是主动克服困难，要充分发挥自己的潜力。父母不能完全代劳，而应该在解决问题的过程中，注意发挥孩子的主动性，让他觉得是凭自己力量做到的。

（5）让孩子定期汇报主动学习的收获。每周末，可以让孩子讲述在主动学习的过程中，有什么收获。这样，可以用取得的收获来加强孩子的自信心，强化主动学习的习惯。

13. 培养孩子喜欢老师的习惯

孩子去学校，是为了学习知识，学生的知识，大部分都是通过老师传授的，对学生来说，老师就是知识的宝库、知识的海洋。喜欢学习和喜欢老师，就像一个铜板的两面，是不可分割的。喜欢学习的孩子，可从老师那里得到更多知识，自然而然就会喜欢上老师。同样，喜欢老师的孩子，为了不让老师失望，一定会努力学习。然而，老师的脾气各有不同，要想喜欢上每个老师，实在是一件不容易的事，这种习惯非常有益，需要刻意地培养。

（1）老师为什么批评你。当孩子因为不专心听讲，在学校被老师批评后，家长可以立刻开设家庭课堂，孩子在上面讲，父母在底下交头接耳，传纸条，做小动作，孩子立刻就能明白对老师不尊重，会让老师心里多么难受，一次亲身体会，胜过无数次的责骂、体罚。

（2）找到喜欢老师的理由。当孩子对老师个人的好恶影响到了他的学习，这就成了孩子身上必须克服的一个缺点，家长的一个办法是要求孩子调整自己的态度，努力找出喜欢老师的理由，每找出一个优点家长可以适当给以物质奖励，这样，可以让孩子养成喜于发现别人优点的好习惯，自然有助于消除成见。

（3）解开心里的疙瘩。孩子有的时候会认为老师专门和自己过不去，这时，家长需要找到问题的症结，必要时可以和老师共同协商，找出合适的办法来解开孩子心里的疙瘩。

14. 教会孩子怎样得到老师的喜欢

老师总是说："我爱班里每一个学生。"可实际上，就算是双胞胎，在父母心中的分量也不一样，何况是一个班？老师对于喜欢的学生，总会多下些工夫，恨不得倾囊相授，得益的，当然是学生自己。

（1）诚实的孩子人人爱。一定要教育自己的孩子，做一个诚实的孩子。当孩子承认了自己的错误，一定不能对他发脾气，而是陪着他一起，想办法解决问题，爱撒谎的孩子，哪个老师也不会喜欢。

（2）爱之愈深，喜之愈切。告诉孩子：批评你、管你，是因为老师心里有你、在乎你，老师心里对你有一份责任，就像爸爸妈妈一样。你犯错误让老师心里着急、发脾气的时候，老师比你

还难受，让孩子体谅老师的心，孩子就能学会宽容。同时告诉孩子，你挨批评，老师什么好处也得不到，如果你能长记性，改正错误，真正得到好处的是你自己。

（3）为别人想得更多，别人才会对你更好。应该有意培养孩子，遇到事情多为别人着想，在家里，尤为需要用鼓励的方式引导孩子多为父母想，体会父母的良苦用心。这样，在家里，孩子能从父母的管教中感受到爱；到学校，孩子也能从老师的管教中体会到爱，能时时为老师着想，老师当然会喜欢。

（4）遇到矛盾先问自己"我有什么错"。在家中，当出现问题时，父母切记不能急，不能大发雷霆，一定要给孩子时间，和他一起平静地讨论，父母的错误在哪里，孩子自己的错误在哪里。这样，当孩子在学校遇到矛盾，就会先问自己：我有什么不对的地方，勇于认错，知错就改的孩子，所有老师都会喜欢。

15．帮助孩子轻松应对考试

（1）不要唠叨，不要制造紧张情绪。

若问许多大学生、高中生，父母给他们最大的压力是什么？答案是一致的：唠叨。父母的唠叨会使学生心绪不宁，不能安心读书。

做父母的固然要关心子女的学业，但不应该在家里也造成一种考试气氛，甚至电视不敢开、说话也不敢大声。你可以把电视机的音量调小，尽量给孩子一个安静的温习环境，但不必完全改变日常生活。做父母的表示紧张，孩子会更加紧张。

有些父母口里对孩子说："尽力而为就行了，成绩怎样我们是不会介意的。"可是，说话时态度凝重，神情焦虑，让孩子同样感到了紧张。

（2）听听孩子心里的话。

要想帮助孩子，就要听他们心里的话，了解并接受他们的感受。比如孩子告诉母亲这次月考得了 60 分，母亲的第一句话往往是："唉，怎么办？你将来怎么考上高中、考进大学？"却没有听听孩子对此是何感受、难过不难过。许多父母不问究竟地责怪子女，最容易使孩子产生被拒绝的挫折感。

（3）管教态度要一致。

双亲态度不一致会使孩子感到迷惘、无所适从，这种矛盾可能比考前的心理压力还严重。父母采取一致的看法，并尊重孩子的选择，相信孩子的能力，这样才能给孩子以安定感和力量。

（4）合理的期望。

父母应跟孩子坐下来商量，根据以往的成绩来估计孩子的能力可以达到什么程度，不宜过高要求。当然可以把目标定得比他们目前的成绩稍高一点，激发他向上努力。

（5）不要强调竞争。

常听家长抱怨子女不如邻居、不如其他兄妹，"为什么别人行，你却不行？"竞争是重大压力的来源之一，它会打击人的

信心，使本来已有的能力无从发挥。自小便要与人相比的想法是很不健康的，结果往往是经不起挫折失败。我们要注意的是培养孩子克服挫折失败的勇气，而不是成为竞争的牺牲品。

（6）看重积极的一面。

许多家长专挑孩子的缺点看，孩子考数学时如果20题里错了5题，他们便会责备孩子。他们只看到错了的5题，却没有看到算对了15题，这种态度只能打击孩子的自信心。孩子知道成绩不理想吗？他早知道了，老师已经在考卷上写上了，父母不要再给他增加压力，而应该鼓励。只要孩子作出了努力，获得的任何进步都要给他们鼓励；应该重视他们努力的过程，而不要单看成果。

（7）充足的睡眠和运动。

孩子为了读书而长期睡眠不足，到考试时便会变成强弩之末，心力交瘁，无法达到原来的水准。没有人能长期持续处于压力之下而不休息，孩子温习功课的时间长了，做父母的应该建议他们暂时放下课本去调节一下，即使5分钟也好。

（8）生理时钟的调节。

任何人的身体要调节生理时钟，通常需要5天的时间，如果在准备考试期间习惯了熬夜，到了考试时突然要他们6时起床，8时应考，他们便可能无法适应过来，因为8时也许刚好是他们昏昏欲睡的时间。所以一定要有足够的时间，预先调节作息规律，配合考试时间表。

（9）注意营养。

孩子如果喜欢吃人参鸡汤，当然可以让他吃，要是不喜欢的话，不要勉强他。硬塞一些补品给他吃，反而引起孩子的抗拒。许多医生发现维生素 C 可以稳定情绪，维持体力，因此可以鼓励孩子多吃水果和蔬菜，但最重要的还是要维持均衡的营养。

（10）利用深呼吸减轻紧张

深呼吸可帮助人减低紧张和不安情绪。因此请你告诉孩子，进考场后应该先坐下来，闭上眼睛做几下深呼吸。先稍微快速地吸气，让肺扩至最大，然后慢慢一节、一节地呼出来，做 3～5 次。如果仍然觉得紧张，再做 3～5 次。往往做上两三回，情绪便会平稳下来。

好习惯养成了，受用一辈子；坏习惯养成了，吃亏一辈子，想改也不容易了。中小学阶段是学生学习习惯形成的关键时期，我们每一位教师和家长都应该在传授知识、教育疏导的同时注重培养学生良好的学习习惯，能够真正做到教为学所用，育为生所导，为他们的成长成才奠定良好的基础。